松下
三书

02

与员工交流（CFP 供图）

工作心得帖

发现和积累你的优势

[日] 松下幸之助 · 著

张　宏　胡晓丁

湖南人民出版社

图书在版编目（CIP）数据

工作心得帖 /（日）松下幸之助著；张宏，胡晓丁译.
—长沙：湖南人民出版社，2015.6
ISBN 978-7-5561-0896-1

Ⅰ.①工… Ⅱ.①松… ②张… ③胡… Ⅲ.①松下幸之助
（1894~1989）—企业管理—经验 Ⅳ.① F431.366

中国版本图书馆 CIP 数据核字（2015）第 121006 号

著作权合同登记号：18-2015-068

JINSEI KOKOROE-CHO © PHP Institute, Inc.1984
SHAIN KOKOROE-CHO © PHP Institute, Inc.1981
OMOUMAMA © PHP Institute, Inc.1971
All rights reserved.
Original Japanese edition published by PHP Institute, Inc.
This Simplified Chinese edition published by arrangement with
PHP Institute, Inc., Tokyo in care of Tuttle-Mori Agency, Inc., Tokyo
through GW Culture Communications Co., Ltd., Beijing

工作心得帖

作　　者　[日]松下幸之助
译　　者　张　宏　胡晓丁
出 版 人　谢清风
责任编辑　胡如虹
封　　面
出版发行　湖南人民出版社 [http://www.hnppp.com]
地　　址　长沙市营盘东路 3 号
邮　　编　410005
经　　销　新华书店
印　　刷　三河市华东印刷有限公司
版　　次　2015 年 6 月第 1 版　2020 年 7 月第 2 次印刷
开　　本　880mm×1230mm　1/32
印　　张　9.5
字　　数　170 千字
书　　号　ISBN 978-7-5561-0896-1
定　　价　38.00 元

（如发现印装质量问题请与出版社调换）

目录

下篇
感悟随笔 · 165

上篇

员工心得集

今天的产业界，技术革新瞬息万变。昨天还领跑时代的尖端科技，今天或许就已成为明日黄花。随着时代的进步，这种变化还将呈现出不断加速和加剧的趋势。新的时代对企业家和企业员工提出了新的要求。大家只有永不停息地磨砺自己，提高本领，才能从容应对时代发展。

与日俱增的时代要求，使大家面临前所未有的压力和困难。身处这样的时代，大家努力提高自身实力，直面挑战，会感受到更多的工作乐趣，创造更加精彩的人生。

每项工作都有其丰富的内涵，干得越久越投入，就越能体会到其中蕴藏的无穷奥妙。每天努力工作，争取进步一点点，日积月累，自身能力得到了提升，工作上也会硕果累累。企业员工做好本职工作，也意味着通过企业的生产经营活动，为社会做出了自己的贡献。这种成就感让大家感受到了人生的价值、生命的美好和无尽的喜悦。

本书收录了一些我认为企业员工须知的重要心得。它们是我日常工作的感悟，我也常常用它们来指导本公司员工。这些道理十分浅显易懂，是企业员工应该遵守的最基本、最重要的行为准则。越是变化剧烈的时代，切实践行这些最基本的原则就越显重要。我衷心希望自己的这些心得体会，有助于身处变革中的企业员工进行自我启发，有助于大家突破工作上的难关，开创一个更加有意义的人生。

当然，除本书中罗列的各种心得之外，工作中还有许多其他重要方法。关于这些内容，在《营销心得集》《实践经营哲学》和《领导的条件》等书中另有记述。如蒙各位读者抽空一阅，则倍觉荣幸。

松下幸之助
1981 年 8 月

01 新员工的心得

咀嚼工作的滋味

在日本，有一句流行很广的谚语：冷石头上坐三年。意思是，不管多么冰冷的石头，坐上三年也能把它焐热。这句话告诉我们，做事要有耐心和恒心。我也想把这句话送给在职场上拼搏的年轻人。

最近，一些年轻人刚工作没多久，就对工作不满意，抱怨工作不适合自己，盘算着跳槽换工作。随着社会的发展，各种新型的职业不断涌现。年轻人希望找到更加适合自己的职业，本来无可厚非。我只想告诉这些年轻人，无论什么工作，想要真正弄清是否适合自己，其实并不容易，往往需要花很长时间去体味，去摸索。

有的工作，刚开始觉得十分乏味，努力干了两三年以后，才能慢慢咀嚼出其中的滋味，原来工作还是很适合自己的，并不像自己原先想象的那样。工作就像陈年老酒，时间越久，滋味越浓。想要品尝到工作的香浓滋味，起码要经过三年左右的历练。

我年轻的时候，人们很少频繁地更换工作。一方面是因为当时的工作岗位不如现在这样繁多，更重要的是当时的人们懂得"忍耐"。那时，经常听到前辈们和周围的人教育我们："冷石头上坐三年。"我自己也常常用这句话来激励自己要坚持，要忍耐。后来，我真的慢慢地体会到了工作的滋味和它所带来的乐趣。

我觉得，过去和现在，也许工作的形式发生了变化，但工作的本质还是相通的。一旦下定决心去做好某件事或者实现某个目标，至少要耐着性子心无旁骛地努力三年。即使努力之后，仍然发现自己不适合现在的工作，决定换个工作，三年的忍耐也不会付之东流，其间的经历和体验对将来从事其他工作将大有裨益。

刚踏上工作岗位，质疑工作是否适合自己，这很正常。重要的是，要告诫自己"冷石头上坐三年"，踏实工作，沉下心来细细地体会工作的滋味。

接受命运的安排

新员工进入公司工作，首先要树立这样的信念：进入这家企业，是命运的安排。

年轻人从学校毕业，选择工作时，会听取父母、老师和前辈们的意见，然后确定自己心仪的单位。另一方面，用人企业也会从自身发展的需求出发，挑选和录用需要的人才。可以说，年轻人加入某家企业，是个人与企业双向选择的结果。

有些人很想进入某家企业工作，最终却因为各种各样的原因未能如愿。相反，有些企业很希望得到某个人才，最终却未能得到对方的青睐。毫无疑问，到某家企业就职，是由应聘人和招聘方的共同意愿决定的。除此之外，这当中应该还有一种无形的巨大力量，正是它让双方的意愿达成一致，并最终走到一起。这也许就是所谓"宿命"吧！

举例来说，身为日本人，我们生在日本，长在日本。这并不是由我们自己的意志决定的，而是由一种超越了人类自身意志的力量所决定的。这种力量，就是被称为"命运"的巨大力量。

同样，到某家企业就职，成为它的一名员工，这既是自主选择的结果，更是命运的安排。

说起命运，年轻人也许会不以为然。我想告诉大家的是，当一个人学会顺应命运的安排，就会获得一种神奇的力量，在职场中变得更加强大。

新员工进入企业，可能会在这里工作几十年。在这几十年的漫长时间里，会遭遇许多困难，碰到很多烦恼。特别是，随着职务的升迁和责任的加重，各种压力和问题还会不断增加，这些都是工作中无法回避的。有人因为不堪重负而选择放弃和退缩，有人则在历练中得到成长和进步。关键在于，每个人如何对待自己所处的困境。

遇到困难和挫折，不妨将它们当成命运的安排，坦然接受。于是，我们的内心将会变得更加强大而坚定，能够以一种积极的心态去面对逆境，将困难转化为帮助自己成长和进步的正能量。有了这样的心态，就不会被困难压垮，能够在关键时刻脱颖而出，最终成就一番大事业。

所以说，成就大事业的关键在于：如何认识第一份工作对于自己今后的人生意味着什么，能否将这第一份工作当成命运的安排。

绝对信任企业

绝对信任自己的企业，这也是刚入职的新员工应该坚守的一个信念。

新员工刚刚走上工作岗位，对企业的了解还比较肤浅。初来乍到，与其他员工素不相识，难免会有一丝担心和惶恐。这时，最好的方法就是抛开心中所有的疑虑，放心地把自己交给企业，全身心地投入到工作当中。

要知道，公司和公司里的前辈，对新员工不会有成见或偏见，甚至还寄予了很高的期待，愿意热心指导新员工，给予他们善意的提醒。

事实上，大多数企业经营者都十分关注新员工的成长，迫切期待他们不断取得进步，尽快在工作上独当一面。除了关注和期待，他们也十分乐意用实际行动帮助年轻人成长。作为企业，绝对不希望自己精心挑选来的新员工只满足于机械地完成工作，碌碌无为地虚度时光。这种工作状态，不仅员工自身感到单调乏味，缺乏成就感，用人单位也会感到十分痛惜。企业的竞争就是人才的竞争，每家企业都期望自己的员工每天都有所进步和提高，并为此而不遗余力地为员工创造条件。如果企业在人才培养方面无所作为，也就是没有履行好企业应负的职责，并将在未来的发展中为自己的失职付出沉重的代价。

尊重每位员工的发展，是企业应当承担的社会责任。企业承载的是所有国民、整个国家，甚至全世界的期待。为了不辜负大家的期待，企业家们必须努力为包括新员工在内的每位员工创造机会和环境，使之有更好的发展。

当然，企业的水平各有高低，员工的能力也参差不齐，不能排除其中有少数例外。不过，新员工们更应该懂得，绝大多数企业都希望自己的员工锐意进取，早日成才。所以，新员工要信赖自己的企业，努力使自己早日成为一名优秀员工，在工作岗位上为社会做出贡献。有了这样的信念，新员工们就一定能够获得更多的进步和成长的动力。

成功的秘诀

我有一个秘诀。有了它，就算不能成为公司决策层中的一员，起码也能在日后跻身公司中层。这个秘诀就是：在入职报到第一天，与家人分享自己的感受时，要明确地把对公司的好印象表达出来。

在新员工报到的第一天，大多数企业都会举行一个欢迎仪式，由公司总裁对新人发表讲话，相关领导介绍公司概况和工作内容。下班回到家，父母和家人应该都很想知道你工作第一天的感受。请记住，你这时所说的话将对你的未来产生极其重要的影响！如果你觉得"这家企业不怎么样啊"，父母就会为你担忧；如果你说"还说不清楚"，父母大概也还是会放心不下吧；如果你毫不迟疑地告诉父母，"现在对公司还不太了解。不过，今天听了老板和公司领导的讲话，感觉这是一家非常优秀的企业。能在这里工作，我感到自己很幸运，今后一定会加倍努力！"你的这番话会让父母悬着的心变得踏实，由衷地为你感到高兴，鼓励你努力工作。可以说，对公司的第一印象，会成为决定你将来成功与否的第一个关口。

除去那些真心不喜欢自己本职工作的人不谈，只要新工作与自己的期待相差不远，就要让父母知道自己对这份新工作感到满意，并且决心努力工作。这样的信念和决心将来能帮助你取得成功。喜欢自己的工作和公司，就要大声说出来，让别人知道。默默地放在心里，别人是很难知道你的想法的。有些人出于某些原因，没能够把对公司的好印象明确地表达出来，他们日后成功的概率就会很小。

工作以后，碰到朋友聚会，也常常会提起工作的话题。如果你告诉朋友："我很庆幸自己进入了一家很好的企业""我喜欢现在的工作，打算一辈子在这里干下去"，不仅能赢得朋友们赞赏的目光，而且还能够感染他们，带动他们。

亲戚之间串门，可能也会在闲聊当中谈到你的新工作：

"你们公司生产什么产品呢？"

"我们公司生产……"

"哦，既然你们公司这么棒，我们下次就买你们生产的产品！"

可见，你的回答会让你的家人、朋友和熟人对公司留下良好印象。而且，随着口口相传，公司的社会形象还将会得到进一步提升，产品销路也会越来越好。

这都是人之常情，听起来再简单不过了，可并非人人都能做到。多年来，我也曾经遇到过许多其他公司的员工。其中以抱怨自己公司的人居多。热爱自己的企业，愿意为它服务一辈子的人却很少。其实，抱怨和牢骚于事无补，没有任何意义。

相反，始终以一种积极和赞赏的心态来看待自己的企业，更容易在工作中崭露头角，受到器重。这样的员工更容易得到机会的青睐，不需要刻意追求，就能自然而然地走上重要岗位。他们正是公司孜孜以求的人才，公司不重用他们，又会重用谁呢？

不管你信不信我透露的秘诀，都请不要迟疑，赶紧去大胆地一试吧！

不近人情的上司和前辈

新员工入职伊始，要诚心诚意地拜自己上司和前辈为师，诚恳地向他们学习。当然，前辈当中有各种性格迥异的人。其中，既有人格高尚、业务精通、热心指导、顾虑周全的人，也有人品一般、业务平平的人。

理想的上司和前辈应该是什么样的呢？

按照常理，大家都希望遇到优秀的前辈。俗话说，名师出高徒。不论是工作还是学习，有幸遇到一位能力出众的上司或老师，不仅能够提高业务水平，其他方面也能有所受益。有一位受人尊敬、精通业务和循循善诱的好老师，的确非常值得庆幸。对大多数人来说，好老师的作用是不言而喻的。对此，我也十分赞同。

一位出色的老师，是学生效仿的楷模和追赶的对象。也许正是因为这个原因，学生们以达到老师的水平为终极目标，很难有重大的突破。我觉得，事物都有两面性。好老师未必能够培养出特别出类拔萃的技术能手，这就是其不利的一面。

从这个意义上来说，那些不近人情、不按常理出牌的师傅，反而能培养许多超一流的技术能手。遇到不近情理的老师，明明应该受到表扬的事情，没准反而会挨骂。心里未免感到委屈，想打退堂鼓。这时，要忍住委屈，坚持下去。只有那些愿意独立思考、摸索创新的人，才能做到"青出于蓝而胜于蓝"。多数身怀绝技的能手未必师出名门，这是一个十分有趣的现象，也正是人生不可言传的奇妙之处。

有幸遇到优秀的前辈，当然值得庆幸，令人欣慰。万一师傅看起来并不属于自己喜欢的类型，也不必灰心，而要暗下决心，默默地告诉自己"这正是把自己修炼成大师的机会"，以积极的心态去对待。这样做，就能塑造出一个更加优秀、强大的自己。

了解企业历史沿革

国民了解本国的历史传统是理所应当的。对本国的起源和发展历程有所了解，才会更加懂得应该如何生活，如何建设自己的国家。

对于自己所处的企业，也同样如此。进入企业工作，想要在这里干出一番事业，首先要了解它的历史沿革。每家企业都是一步步逐渐发展壮大起来的，任何一家大企业都曾经历过从无到有、从小到大的过程。比如，一家具有 30 年历史的企业，与它刚刚起步时相比，一定有了翻天覆地的变化。不少企业最初是由几个志同道合的亲朋好友创办的，经过多年苦心经营，在公司员工和经营者的共同努力下，才有了今天的成就。无论企业规模大小，历史长短，大都会经历这样的过程。

"对历史的无知，意味着将来的无所作为"，这句话听起来或许有些绝对。不过，企业发展的历程凝结了许许多多前辈的努力和智慧，是值得珍惜的宝贵财产。了解企业的过去，才能懂得如何去开创企业的未来。立足过去，才能在今天的工作中有所创新，有所提高。因此，了解企业的历史，是新员工真正成为企业一分子的必经之路。

今天的新员工在一两年，甚至五年、十年之后，也会成为企业的资深员工，指导刚刚进入企业的年轻人。到那时，指导别人的资本是什么呢？是你对企业历史的了解和熟悉。

所以，年轻人走上工作岗位，要通过各种形式了解和学习企业的发展史，汲取前辈们的宝贵经验。

礼多人不怪

最近，常常听到有人抱怨："现在的年轻人，真是不懂礼貌！"其实，不仅是在社会生活中，在工作中也会遇到同样的问题。

其中的主要原因就是，二战以后，日本的家庭和学校不再重视礼貌，不再强调规矩的重要性。不可否认，知书达礼的年轻人其实并不在少数。只不过，由于全社会倡导学生和老师是朋友关系，而不是师徒关系，许多年轻人进入社会以后，甚至不懂得尊重长辈。这也是不容忽视的事实。

在社会生活中，要求人们守礼节，讲规矩。对于学生时代不太讲究礼数的年轻人来说，也许有些严苛。

现在的年轻人是否想过，如果有一天，自己碰到了旁若无人又不懂规矩的年轻人，又会做何感想呢?

我认为，礼节和规矩不是什么苛刻的要求，也不是单纯的形式主义，而是社会生活中不可或缺的润滑油。

　　人们共同生活在社会大家庭里，如同啮合在一起不停转动的机械齿轮，缺少润滑油，就容易产生磨损和火花，缩短机器的使用寿命。人与人相处也同样需要润滑油。

　　企业里聚集着一批性别不同、年龄相异、想法不一的人，为了使大家愉快并毫无障碍地开展团结协作，当然也需要润滑油。这时，良好的礼仪就能起到润滑油的作用。

　　礼节也好，规矩也罢，都不能流于表面，而要发自内心。不仅内生于心，而且要外显于形，才能真正感动对方，建立起良好的人际关系。刚刚走上工作岗位的新员工要早日掌握必要的礼仪，并自觉贯穿于言行举止当中。

身体是工作的本钱

健康的身心是确保工作顺利进行的一个首要前提。一个人无论拥有多么出众的才华，如果失去了健康，就无法专心工作，可能会错过大展身手的机会。

事实上，作为一名有着多年管理经验的企业经营者，我不止一次地看到，大有前途的年轻人因为生病而中途放弃自己的远大志向，甚至不得不离开工作岗位。发生这样的事，是企业的损失，更是个人的不幸。

每家企业都愿意营造良好的工作环境，提高员工的健康水平。当然，更重要的是，员工要主动学会自我保健，努力提高身体素质。

想要保持健康的体魄，营养、休息和适度运动，缺一不可。当然，关键还是要有健康的心态。俗话说"病由心生"，这的确很有道理。

心情愉悦的时候，人们一般不太容易感到疲劳，也很少生病。比如，在从事体育运动或自己感兴趣的事情时，在别人看来也许是件消耗体力的事情，而其本人却自得其乐，十分愉悦，甚会忘我。所以说，快乐的人不会累！

工作，也同样如此。对工作充满热情的人，哪怕为工作付出再多也在所不惜。工作再忙，甚至通宵达旦，也不觉得辛苦，不会生病。相反，对工作提不起兴趣，疾病就容易乘虚而入。这样的事我亲眼见过不少，也听说过许多。

当然，人的体力总是有限的。精神亢奋，会暂时忘记疲劳，但超过一定的限度就有损健康了。所以，要特别注意不要让身体长期处于高度疲劳当中。

无论如何，大家在工作时不可忘记自我健康管理，既要保持适度兴奋，专心投入工作，又要找到适当的方法，维护自身健康。

积极出谋划策

新员工上岗之初，一般先跟着前辈学习，接受前辈的指导，逐渐了解工作要点。前辈的教诲，要铭记在心。遇到不懂的问题，要虚心请教，不要藏在心里。要争取尽早熟悉工作，成为一名合格的员工，成为工作上的能手。

那么，新员工是否只能被动地学习呢？我认为答案是否定的。常言道：教学相长。新员工在学习过程中有什么新发现，完全可以畅所欲言，提出有益的建议。

也许有人认为，自己还是个新手，资历浅，缺少工作经验，对工作知之甚少，还是选择沉默比较好。在我看来，从总经理到新员工，企业的每个成员都是平等的，工作当中不必过于谦虚。

老员工经验丰富，熟悉业务，但是容易先入为主，墨守成规，满足现状，容易忽视那些需要改进的地方。相反，新员工能够以一种全新的视角去审视工作，提出宝贵的意见和建议。因此，我们要鼓励新员工积极为公司献计献策。

当然，新员工在提出建议之前，要反复推敲自己的建议是否真正有价值。在提出意见和建议时，不要忘记对前辈应有的尊重和礼仪。如果经过再三掂量，仍然觉得自己的想法的确十分重要，那就大胆说出来。

另一方面，上司和前辈们应该为年轻人创造宽松的环境，允许他们知无不言，言无不尽。对于好的建议，还要及时加以采纳。这样，不但能帮助新员工成长进步，也有利于企业的发展壮大。

评估自我价值

过去，我曾经对公司的年轻员工说过这样一番话：

正如大家所知，我是本公司的最高领导，薪水也拿得最多。假设我月薪一百万日元，如果我每个月付出的努力只价值一百万日元，那么我对公司的贡献就等于零。拿了一百万日元的工资，就要为公司做出一千万、一亿甚至两亿日元的贡献。只有这样，公司才能够生存下去。多年以来，在努力工作的同时，我也常常思考自己到底为公司带来了多少贡献。

大家不妨也来思考一下这个问题。假如你的月薪是十万日元，如果你只为公司创造十万日元的价值，那就意味着你没有为公司带来任何效益。这样，公司的股东们拿不到红利，更谈不上向国家纳税了。所以，我们要经常扪心自问——这个月为公司做出了多少贡献？

当然，个人应该产出多少价值，是不能一概而论的。一般来说，拿十万日元工资的人至少该发挥价值三十万日元的作用，若能达到一百万日元就更好了。

在这一问一答当中，员工们能够不断加深对本职工作的认识，提升自我价值，为自己开辟一片新天地。如果公司每个员工都能够以这种精神状态投入到工作中，肯定能够产生巨大的动力。

评估自我价值是十分重要的事情。我们每个人每天都很努力地工作着，但是被动机械地完成工作还远远不够。要努力让自己的付出以具体可感的形式表现出来，形成一定的成果。如果每天的工作都是有益于社会的，就等于为社会做出了贡献，于是你的努力就有了真正的价值。

世界上的工作多种多样，有些工作的价值很难用金钱衡量。但是，不管怎样，我们要学会时常自省或者虚心求教，找到一个衡量工作价值的标准，并用这个标准要求自己，不断提升自身价值。

公司是社会公器

新员工选择某家企业，一定有自己的目标和原因。有人希望学以致用，发挥一技之长；也有人向往到海外工作，于是选择一家有海外工作机会的企业；有人雄心勃勃，渴望受到重用；也有人努力工作，只是为了维持生计。

俗话说：人各有志，这并没有什么不好。那些有明确目标的年轻人，应该充分认识本职工作的意义，也要充分认识本公司生产活动的意义。工作不仅仅是个人问题，企业也绝非一个人或一部分人的私有物，它们皆与整个社会的发展息息相关。工作不是私事，而是公事；公司不是私人财产，而是社会公器。

企业通过各种各样的形式，与整个社会产生千丝万缕的联系。离开社会大众，企业就无法生存。企业不能给社会带来正面的影响，就失去了存在的价值。只有能够造福民众的企业，才有存在下去的价值。能否造福于社会和民众，取决于企业的生产经营水平。

有人认为，既然是我自己的工作，那么我想怎么干就怎么干，别人管不着。对于这样的想法，我们是不能容忍的。员工是企业的一分子，同样肩负着社会责任。只不过，社会地位越高的人，责任就越重，外界对他的要求也越高。

员工的一举一动皆关乎公司的形象，影响着整个社会的发展。正因为此，新员工既然是企业的一分子，就应该树立"公司为社会公器"的观念，始终保持一种自觉性和责任感，而不能只考虑自己，我行我素。

02　骨干员工的心得

把上司当客户

一有机会，我就会再三强调这样一个理念：作为企业的员工，不能仅仅把自己当成靠工资吃饭的工薪阶层。要学会换一个角度去思考和认识自己的职业，把自己当成一个独立经营的个体户，经营的业务范围就是目前自己所从事的工作。换而言之，每个员工都是经营"企业员工"这项业务的个体经营者。例如，财务人员可以把自己当成一个提供财会服务的个体户，自己既当老板，又当伙计。

为什么要强调这样的理念呢？试想，自己经营一份事业，自然就会想方设法使业务不断发展壮大。一分耕耘，一分收获，努力一定会有回报，当然，这种回报未必表现为收入的增加。同时，也不能把工资看成单纯的收入，它还是对你所付出努力的肯定和回报。本着这样的态度去对待工作，可以更加近距离地审视自己的本职工作，还能收获更多的成就感和工作的喜悦，并因此而获得更大的工作动力。

　　如果说员工是独立经营的个体户，那么周围的同事和上司都是前来惠顾生意的客户。没有客户的支持，事业便难以为继。只有竭诚为客户服务，业务才能蒸蒸日上。在百货商店购物时，店员们会热情地接待顾客，感谢顾客的光临，请顾客对商品提出宝贵意见，还会热情地给客人引座和端茶倒水。与同事和上司相处，同样需要热情相待，以诚相待。

　　向同事或上司提出建议和意见，就如同向客户推荐某件产品，要让别人知道你的产品好在哪里，有什么用处。精诚所至，金石为开，诚恳的态度一定能够打动同事、科长、部长甚至社长，所提出的建议和方法就会得到积极采纳。于是，工作上一路凯歌，也能获得更多成就感。

　　尤其重要的是，一个人的工作热情会感染和带动其他员工，为企业带来积极的影响，帮助企业取得更大的发展，也让更多员工感受到工作的乐趣。

热爱企业

人在职场，只有极少数的幸运儿有机会从事自己喜欢而又适合自己的工作。在现实当中，大多数人只能按照公司的要求，完成别人交给的任务。公司分配工作，有时是因为某人适合这项工作，有时则出于其他考虑。不管是哪种情形，如何看待工作任务，以怎样的心态去完成它，都是非常重要的。

有的人出于无奈，被动地完成别人交代的任务，既没有兴趣，也没有乐趣。也有的人觉得工作不合适，拈轻怕重，挑三拣四。我认为，这两种想法都不利于个人的发展和进步。

对工作没有兴趣，缺乏积极性，只会疲于应付。不仅工作上难有起色，自身能力也难以得到提高。长此以往，令人觉得十分可悲和惋惜。

最幸福的事，莫过于从事自己感兴趣的工作。虽说兴趣爱好和业余生活也十分重要，但是离开了工作的乐趣和成就感，其他快乐就成了无源之水。

因此，要想办法努力让自己快乐地工作。例如，你觉得工作不适合自己，想换一个工作岗位。这时，上司会劝你："这项工作对你将来的发展有好处，希望你至少能坚持干上一年！"你要理解和体谅公司的良苦用心，诚恳地接受上司的建议，认认真真地再坚持一年。

另外，还要学会发现工作的乐趣。我们并不排除，有些人无论怎么努力，都无法喜欢眼前的工作。不过，大多数人经过努力和尝试，一定会对工作渐渐产生兴趣。

我想，大多数人在现实生活当中已经做到了这一点。当我们无法热爱自己的工作时，不妨问问自己：我是否为寻找工作的乐趣而努力过？于是，在不知不觉当中，你便会发现，其实自己已经深深地爱上了它。

拒绝做知识的奴隶

汽车大王亨利·福特曾经说过："越优秀的工程师，就越喜欢说'做不到'。"这句话到底有什么含义呢？原来，福特不仅是一名优秀的企业家，也是一名发明家。汽车生产流水线就是他的创新之举。当他准备将一项技术革新投入应用时，都会向工程师请教。然而，工程师给他的回答经常是："老板，这件事理论上是不成立的，恐怕行不通。"尤其让福特感到困惑的是，越优秀的工程师，就越喜欢说"不可能"。

我认为，福特的话揭示了一个真理。

在日本，经常能听到"书呆子"这个词，我们自己也常常将它挂在嘴边。不过，细想起来，"书呆子"这个称呼当中似乎有些自相矛盾的地方。按照常理，读书人都接受过良好的教育，这些有知识的人怎么会是"呆子"呢？而且，在实际生活当中，有些事情必须掌握一定的知识才能做好。人们为什么说读书人是"书呆子"呢？

我想，这主要是针对一些喜欢死抠书本的读书人而言。

刚刚接触一项工作任务，也许对它了解不深，缺乏相关知识。不过，只要认真对待，敢于尝试，发挥自己的积极性和创造性，基本上都能够克服重重困难，最终得以完成。

相反，掌握的知识太多，还没开始动手做，就顾虑重重，产生畏难情绪，原本可以做成的事情也实现不了。这样一来，知识反而成了绊脚石，有文化有知识的人倒变成了"书呆子"。

现在的年轻人，大都上过大学或高中，算是有知识、有文化的人。如今，企业管理的难度越来越大，工作的要求越来越高，年轻人拥有高学历是一件好事，企业也十分需要这样的人才。关键是，人不能成为知识的奴隶。任何事情不能光想不做，要大胆动手实践，把所学的知识在实践中灵活运用。这样，知识就会让你如虎添翼。

刚刚走出校门的年轻人，特别容易犯"纸上谈兵"的毛病。所以，别忘了提醒自己——不要让知识束缚自己的手脚，而要让知识为自己插上飞翔的翅膀。

赢得信任的第一步

假设我托公司的某位员工替我打个电话，请他告诉对方：原本约好的下午见面，因为临时有急事，不得不改到第二天下午。应该说，不管哪个员工，在得到指示之后，都一定会认真负责地帮我给对方打电话。不同的是，有的人会在打完电话之后及时向我汇报结果："刚才您交代的电话已经打过了，对方表示同意。"而有的人则忘了向我汇报。你属于哪一类呢？这件事看起来并不起眼。但是，事后是否向我报告，结果会大不一样。因为，托你办事的人，心里会一直惦记着这件事，想要尽早知道事情的结果。可是，因为公务繁杂，无暇亲自确认，心里总感觉不踏实。这时候，如果有人告诉他"电话打过了，对方说没问题"，就会让人感到很放心。

再举一个例子，假如有客户托你转告公司同事某件事。应该说，你只需把事情准确地转达给同事，就算完成任务了。除此之外，如果你能够在事后回复一下客户，告知他已将某事转告某人，即使对方没有指望你这么做，也会感到高兴和放心。

我认为，这些小小的细节会让周围的人对你感到放心，为你赢得越来越多的信任。我们评价某人"能干""靠谱"，一方面是因为他聪明能干，另一方面更是因为这些不起眼的细节。

有些人号称"大事难不倒，小事办不好"，这样的人其实并不受欢迎。寻常小事反而更为重要，认认真真地把小事做好，才是正道。这样做，能为自己将来的成长打下良好的基础，从而有机会进一步发挥自己的聪明和才智。

其实，这并非只针对年轻员工。根据我的经验，部长级的企业领导也同样需要注意。一般来说，没有特殊情况，在完成我交代的事情以后，的确可以不必向我一一汇报。不过，那些深得我信任的人，总是不会忘记及时向我报告，哪怕我已经将部门运营权完全交给了他们。这是因为，他们都是与我心意相通的好伙伴，特别能体谅我的心情，不管结果如何，都不会忘记及时向我报告。我认为，这是一个非常好的工作习惯。

认真对待每件不起眼的小事，会让你赢得别人的信任，让你成为集体中不可或缺的一分子。

功夫在平时

大家都明白，工作细致周到很重要。在实际工作当中，行云流水般地把工作做好，可不是一朝一夕所能办到的。

以前，我偶然打电话到某家公司。

接电话的员工告诉我："社长出远门了，两三天以后才能回来。"

正当我无奈地准备挂断电话时，对方又急忙说道："请稍等，如果您有急事，我们可以帮您联系社长。"

"能联系上吗？"

"是的，可以联系。"

"那么，请你转告他，麻烦他今晚给我打个电话。"

当天晚上，果然就接到了长途电话，事情提前解决了。试想，如果不是对方在我放下电话前说了一句"我帮您联系社长"，事情也许就不会如此顺利。

一句看似不经意的话，只有平常训练有素的员工，才能在关键时刻自然而然地脱口而出。看来，这家公司的老板平时对员工接电话的礼仪要求一定十分严格。所以，值守电话的员工才能随机应变地处理各种情况，让人觉得十分贴心周到。

在这个瞬息万变的时代，短短一天的时间差可能会给公司业务带来两种截然不同的结果。因此，把工作中的细节做得更加完美，看起来是件小事，实际却关乎大体。

其实，大家都明白这些道理，但在实际工作中却难以做到。只有平时多加训练，多加注意，才能渐渐化为日常工作中的自觉行动，取得实际效果。大家在实际工作当中，是否有意识地进行了这些方面的训练呢？

自我提高的义务

公司于 1965 年开始实行每周五天的工作制。半年之后，我对公司的员工说了这样一番话：

"公司实行每周五天工作制，已经有半年时间了。大家是如何看待这两天休息日的呢？你们的周末是如何度过的呢？大家是否把这两天休息日有效利用起来了？我希望大家把周末的两天时间，一天用于休息，一天用于学习，利用周末充实精神世界，提高身体素质，不要浪费了周末的大好时光。另外，我还想问大家一个问题：当你努力学习充电和锻炼身体时，是否意识到'我所做的这一切，不仅仅是为了提高自己的知识素养和身体素质，更是一名企业员工的义务'？对于这个问题，大家有没有思考过呢？"

当时，之所以提出这个问题，是因为我深切地感到，让每个员工认识到有自我提高的义务，是非常重要的一件事。

主动学习新知识，丰富知识体系，提高业务能力，无疑是有利于员工自身发展的。除此之外，这也是企业员工肩负的社会责任。因为，社会大家庭中的每个成员都向前迈出一小步，整个社会就会向前迈出一大步。但是，如果别人努力向前迈出了三步，而你只迈出了一步，就会拖累社会进步的平均水平。也就是说，因为不够努力，你拖了全社会前进的后腿。因此，提高自身修养，提升自己的能力，增强身体素质，不仅能为自己开创幸福的生活，提高自己的社会价值，同时这也是你作为一名社会成员应该承担的社会责任。每个人都应该认识到这种社会成员的社会责任感和集体连带感。

那些不思进取、没有远大目标的人，严格来说，算不上合格的社会成员。

兴趣爱好与本职工作

在每天忙于工作的同时，拥有自己的兴趣爱好，是一件十分有益的事。

谈论到个人的兴趣爱好，有人会说：工作是生活的手段，兴趣才是生活的意义。在我看来，这样的人很难取得事业上的成功。如果对工作不感兴趣，不能享受专心工作的乐趣，那就难以在工作中取得成就。

有人说："虽然我在公司上班，但是满脑子想的全是如何作诗。一边工作，脑海里一边不断有诗句跳出来，真是太有趣了，工作时间也没有白白浪费。"对于这样的人，我想奉劝他——不如去做职业诗人好了。

在古代，诗人常常穷困潦倒，食不果腹。但是，那些真正热爱诗歌的人，哪怕吃不饱肚子，也立志一辈子以创作为生。所幸，今天的职业诗人大都不会为生计发愁了。所以，特别喜爱诗歌的人，不妨做好安贫乐道的心理准备，下决心将诗歌作为安身立命之本，在诗歌中感受人生价值。

当然，大部分人还是希望将所有的聪明才智奉献给自己的本职工作，然后在业余时间里享受作诗的乐趣。这样做既有利于工作，也有利于自身人格的发展。我想，兴趣爱好的作用是为生活增加色彩，让生活更丰富，而不是替代我们的本职工作。

在处理工作和兴趣关系的时候，必须快刀斩乱麻，及早做出决定。

推销的技巧

无论多么好的商品，要说服顾客购买，也绝不是件容易的事情。也许有个别顾客会很爽快地掏钱购买，但这只是例外。简单说一句，"这件商品很好，请你买下吧"，一般很难引起客户的兴趣。擅长做生意的人，总是在不停地思考这样一个问题：怎样才能让顾客购买自己的商品。

我认为，普通员工也应该认真思考一下这种推销技巧。你的意见和建议能否被公司或部门采纳，一方面取决于意见本身是否合理可行，另一方面与你的推销技巧有着密不可分的关系。换而言之，想要打动总经理或部长，得到他们的支持和理解，使其不惜放弃已有的老方法，转而采用你的建议，是需要沟通技巧和态度的。这也是公司员工必备的重要能力。

如果对公司的技术毫无兴趣，也不去琢磨如何与人沟通，只是怨天尤人，恐怕不仅有损自己的形象，也对公司不利。

推销商品时，商品的性能当然是最有说服力的。但是，缺少恰当的推销技巧，无论多么卓越的商品，也很难获得好的销路。人也同样如此。员工们首先要在工作中努力提高自身实力和素养，其次还要诚恳地将自己的实力展现出来，得到别人的理解。推销技巧也是企业员工是不可或缺的重要技能。

挨骂使人进步

不管是谁，被别人责骂或批评都会感到不开心。受到上司批评，即使心服口服，心里也还是闷闷不乐，一整天都高兴不起来。不想挨批评和训斥，这是人之常情。

其实，训斥别人的人也同样不会开心。相信每一个公司高管，都曾经历过大发雷霆之后那种无可言状的后悔心情。人情归人情，不能因为别人不爱听或碍于情面，就睁一只眼闭一只眼。遇到该严肃批评的事情，马马虎虎听之任之，只要轻易放过一次，后面的问题就会层出不穷，甚至发展到无法收拾的地步。比如，员工们不认真工作，态度散漫，如同打开了"潘多拉的盒子"，各种人性的弱点纷纷暴露无遗。这样的集体风气涣散，工作也难有起色，企业甚至还将因此面临倒闭的境地。

现代社会倡导尊重个人的自主性，让每个人在宽松的环境中自觉地投入工作。这固然十分重要。但是，并不能因此而疏于管理。相反,严肃的批评和及时的警醒,能够提高员工的积极性和自觉性,提高他们的工作能力。

回想我当年在第一线工作时,因为年轻气盛,常常训斥自己的员工。而且,从来不会顾及员工的面子,不是叫到一边心平气和地提醒几句便罢,而是当着大家的面,拍着桌子大声地怒斥。

不过,那些被我劈头盖脸痛骂的员工是否从此就一蹶不振、意志消沉了呢?事实恰恰相反,似乎大家还颇愿意挨我的批评,甚至把它当成一件值得炫耀的事情。

这到底是为什么呢?那是因为,随着企业发展,公司规模越来越大,员工人数也越来越多,我已经无暇对每个员工逐一耳提面命,只有少数重要的员工才有机会直接被我批评。于是公司上下流传着这么一句话:"挨了长官(在公司创业之初,员工们都这么称呼我)训,才能走官运。"所以,挨了骂的人会为此感到开心,同事们也替他感到高兴:"太好了,终于挨过长官的训话了,看来马上要被提拔了!"就这样,挨骂的本人与同事们一起分享"挨骂"的喜悦,互相激励,共同进步。于是,挨老板训话似乎成了推动员工进步和公司发展的一股强大的动力。

一个人边工作边摸索,也能做到熟能生巧,借助经验的积累而有所进步。但是，人是有惰性的，往往得过且过，不求长进。时间一长，个人没有进步，企业和社会也难以取得大的发展。因此，要欢迎别人提出批评指正，自己虚心接受，有错就改，激励自己不断进步，增长才干。对此，年轻人和资深员工都应该铭记在心。特别是年轻人，更应该鼓起勇气，谦虚主动地请别人给自己多提宝贵意见。

献身工作

如今，有多少工薪族会为了自己的工作而不惜付出生命的代价呢？或许有人会说，为了工作而献出生命，太不值得了。不过，在我看来，没有献身精神，就无法体会到工作所带来的巨大喜悦；没有献身精神，就无法真正到达成功的巅峰。

苏联宇航员加加林是人类历史上进入太空的第一人。1961 年，正是他冒着生命危险，乘坐宇宙飞船进入了浩瀚的太空。虽然说，飞行之前无数次缜密的计算已经证明宇航员能够安全生还，毕竟，实际飞行中仍然存在许多不确定因素。加加林毅然将生死置之度外，踏上了太空之旅，完成了苏联第一次载人太空飞行。试想，如果加加林因为畏惧危险而退缩，也就不会有后来的成功。最近，美国人成功登月，宇航员们也同样无所畏惧地接受了生与死的考验。

太空飞行伴随着极大的风险，无法与我们的日常工作相提并论。不过，对待自己的工作，某种程度上也同样需要献身精神，否则，成功的希望将会十分渺茫。作为公司员工，特别是意气风发的年轻员工，要拿出拼命三郎的劲头，充满激情地投入工作。这样做，不仅能够更好地实现自我价值和社会价值，从中获得成就感，还能为周围同事树立学习的榜样，为公司的繁荣发展打下更加坚实的基础。

在实际工作中，一个忘我工作的人常常容易遭到别人的嫉妒和嘲讽——"那个家伙就是爱表现自己！"我觉得，嫉妒心是残余的封建思想的表现，背离了社会所应当倡导的风气。一个好的社会应该乐见有才华、有干劲的人多做贡献，并给予他们积极的评价，要承认每个人都有特长，倡导人们取长补短，相互合作，共同进步。所以，年轻人不要害怕别人嫉妒的眼光和冷言冷语，拿出勇气，为工作献身。

为工作献身其实是一种认真投入的工作态度，真正为工作献出生命的人是极少的。相反，很多全身心埋头工作的人，更加富有活力，能比别人更多地体验到工作中蕴含的乐趣和人生价值。

铭记当初的感动

青少年时期，我就来到大阪做童工。等长到十五六岁，开始有了自己的想法，向往着有一天能够进入电灯公司，从事电器方面的工作。当时，大阪有一家"大阪电灯株式会社"，我托熟人帮忙向公司递交了应聘申请。好事多磨，一个月、两个月、三个月过去了，我的申请如同石沉大海，音信全无。虽然担心自己的希望化成泡影，但并没有因此而放弃自己的理想。于是，我一边在一家水泥公司打零工（相当于现在的钟点工），一边继续等待消息。功夫不负有心人，终于，在第四个月时接到了参加招工考试的通知。我欢天喜地地去参加考试，并幸运地通过了。

当时那激动和欣喜的心情，至今记忆犹新。盼星星，盼月亮，终于盼来了电灯公司的录用通知，我感受到了人生中难得的喜悦和激动。

正是因为机会来之不易，所以才会倍加珍惜。可以毫不夸张地说，进入公司以后，自己工作起来真的十分卖力。苦苦等待三个月才等来的机会，我憋足了劲埋头苦干。也许正是我的认真劲日后得到了大家的认可，公司的同事都很喜欢我这个年轻人。当时，从实习工到转正，一般需要两三年时间，而我仅仅用了四个月。这些都是我的亲身经历。

　　为什么要跟大家分享这些陈年往事呢？因为，我觉得，每个人踏入社会，走上工作岗位时，都会或多或少地经历与我相似的心路历程。时常回忆一下就职之初的那份激动和欣喜之情，一定会让我们在今后漫长的人生道路中获得更多的力量。

在工作中自我磨炼

在我担任公司总经理时，常常问公司员工，特别是资深员工一个问题：

美国一些大企业在建立新工厂和设立子公司时，被任命为这些新企业最高领导的往往是一些三十来岁的年轻人。你们与他们年纪相仿。假如，公司有意让你马上出任技术部长、厂长或者一家较大规模的公司的总经理，你会有什么反应呢？你能否毫不犹豫地说"我一定能够不辜负公司的信任，带领工厂生产出更加卓越的产品，培养出更多优秀的员工"，或者说"请大家放心地把公司交给我吧！"？作为一个有着十多年工作经验的资深员工，你是否时常激励自己：如果有一天自己被委以重任，一定要做到不辱使命，让自己的企业比任何一家日本企业或者外国企业都要出色？大家如果有这种自信的话，请举手。

结果，敢于举手的人寥寥无几。于是，我又接着说：

我相信，很多人是因为谦虚才没有举手。我真的非常希望大家在听到我的问题之后，至少能够在心里立即自信地举起手来。各位的前辈当中，有很多人走上重要岗位以后，不仅受到了公司内部的好评，在全行业和全社会也得到了普遍的赞扬和肯定，做出了骄人的业绩。正是因为他们的努力，公司才有了今天的发展。这些前辈从年轻时开始，就把工作岗位当成提高自身实力和磨炼自己的平台，练就了一身真本领。于是，他们一走上领导岗位，就能取得令人钦佩的成果。我希望大家以前辈们为楷模，坚持不懈地努力下去。

我认为，无论时代如何变化，这种努力都是十分必要的。在艺术界，有"台上一分钟，台下十年功"之说，也正因为如此，那些平时勤学苦练的艺人，才能取得世间公认的成就。他们追求完美，再小的缺憾都会让他们寝食难安。企业员工也同样如此，没有日复一日踏实认真的锻炼和努力，就不会有日后胜任领导职务的实力和自信。

言易行难，每天的坚持并不像说起来那么简单。有时，我们需要停下脚步，重新审视自己之后，再次鼓起勇气踏上征程。

不拘一格降人才

无论哪家企业，总会有一两个有远见、有才干、业绩突出的人才。对这样的优秀人才委以重任，将会给企业带来翻天覆地的变化。

在我熟悉的某企业，也曾经发生过这样的事情。起初，这家企业的经营状况不温不火，乏善可陈。为了改变这种状况，公司一举录用了十名新员工。其中，有两名表现十分突出的新员工，公司总经理果断地将他们提拔到重要岗位上。这家中等规模的企业并不缺乏经验丰富的员工，缺乏的是具有新理念的人才。这两名新员工有新的理念，但是资历尚浅。尽管如此，公司总经理还是给了他们特别的优待。

破格提拔新人，在一般的公司里往往会引起一些质疑——"凭什么对他们两人另眼相看？"不过，也许是因为这家公司的总经理威信很高，或者是因为事先与公司其他员工沟通得当，令人担心的事情并没有发生。两位新员工受到重用后，用三年时间使这家公司彻底摆脱了原先的困境，经营状况有了很大起色。

其他公司也有不少类似的例子。这常常令人禁不住感叹，在一个集体当中，少数精英分子的作用是多么重要，他们会给企业带来多么大的进步啊！

破格提拔特别优秀的人才，目前已基本成为企业界的共识。不过，在实际工作中大家并非都对这种做法持欢迎的态度，也不一定都愿意为优秀人才脱颖而出而创造条件。大部分日本人并不赞成优先提拔某人，哪怕他能够为企业带来效益。不少人出于嫉妒，觉得这样做对大家不公平，心里不服气。这样的心态会妨碍企业的发展，优秀的人才也因此无法获得大展身手的舞台。

目前，这种现象不仅存在于企业里，也普遍存在于全体日本人当中。

在工作场合，不仅自己要努力争取成为一名优秀的员工，还要成全优秀的同事凭借自身实力在事业上更上一层楼，有机会从事与其实力相当的工作，而不是从中作梗，暗中阻挠。这样，优先得到提拔的人会帮助支持过自己的同事共同成长进步。团结合作的精神对一个企业、对一个国家都非常重要，它能够为集体中的每个人带来进步和发展的机会。

体谅上司

下面是我与一位年轻员工之间的一段对话。

"你会按摩吗？"

"这个，还不太会呢。"

"那，你给自己的父母揉过肩捶过背吗？"

"这个，好像也没有过呢。"

"如果是这样的话，你想要成功，可不太容易啊！"

这位年轻人露出一脸茫然的表情，他可能实在想不通按摩和成功之间有什么联系。我笑着告诉他：

"比方说，你和课长一起加班到很晚。你因为年轻，自然不会感到很累。你的课长毕竟年纪大了，应该会感觉有些疲劳。这时，你会主动提出来为课长按摩按摩肩膀吗？"

也许有人会说，单位是工作场所，没有必要对课长说这样的话啊。这话听起来似乎也有一定的道理。可是，你是否想过，这短短一句贴心的话，对课长来说是多么大的精神安慰呢？事实上，大多数课长这时候都会婉拒部下的好意，不会真的让部下给自己按摩肩膀。俗话说，好言一句三冬暖，听了你体贴入微的话，课长心里一定比真正享受按摩还要舒坦吧。于是，他也会关心地对你说："让你加班到这么晚，实在抱歉呀。耽误你约会了吧？"就这样，上下级之间的关系变得更加融洽了。

在我看来，上下级之间这种心与心的交流正是推动工作顺利开展并取得成果的动力所在。所以，我真诚地希望大家对上司和同事都怀有一颗体谅、体贴的心。这将有助于工作效率的提高。

要知道，这样做既不是拍马屁，也不是凑近乎。尊重自己的上司，慰劳辛苦工作一天的同事，是很正常的事情。用这样的心态与人交往，是人之常情。

当然，如果这些行为的出发点是名利，有所图谋，你的私心会被对方察觉，这样做会适得其反。不要小看别人的洞察力。如果这些行动是出于诚意和真心，自然会受到别人尊重，也会打动别人。诚意、真诚，这些词听起或许有些老套，不过，我认为，怀着一颗真诚的心去关心别人，正是现代社会的公司员工必备的基本素质之一。

03　企业领导的心得

不要推卸责任

公司某个部门业绩平平，总是难有起色。我向部长问起其中的原因，他是怎么回答的呢？

他说，我已经尽力了，部门业绩不佳，主要是因为有几个课长总是不听指挥，实在抱歉。

我知道，事实也正如这位部长所说。但是，能否就因此而认可他的看法呢？

在企业里，每个部门都有其承担的重要职责，部长本人正是带领部门全体人员履行这一重要职责的最高责任人。如果说，有人不听指挥，影响大家共同完成肩负的使命，影响了整个部门的业绩，那么部长应该及时采取有效措施，必要时甚至不惜撤换相关人员，也不能让少数人拖了整个部门的后腿。这是部长的职责所在。

遇到不听指挥的部下，部长到底应该怎么做呢？他应该向总经理或公司领导层说明原委，提出建议——某人不适合在我的部门工作，其他部门或许有更适合的岗位，能够更好地发挥他的才能。建议调整一下他的工作岗位，这样做既有利于他本人，也有利于公司。

部下不听话，别人往往以为是部长领导无方造成的。所以，部长为了保全自己的面子，不愿意直接向公司领导提出换人的要求。因为怕丢面子，把该说的话憋在心里，就算不上称职的部长，因为他把面子看得比自己肩负的职责和使命还要重。

同样，当部长本人发现自己无法胜任工作，也应该坦率地与总经理或公司领导沟通：自己担任部长已经一年多了，工作进展不大，主要还是因为自己不适合这个岗位，请给我换一个新的工作岗位吧！

当然，无论对部下还是对自己，判断其是否适合某个工作岗位，都不能出于私心或徇私情。如果确实不适合，就立即调整。事实上，很多人被调换到适合的新岗位以后，都能取得十分突出的成绩。

总而言之，作为部长，必须时常警醒自己：使命重大，不可将责任推脱给部下。部门能否顺利运行，关系到整个公司的前途和命运，部长应该对本部门的运行情况负全责。

勇于承担责任

谈到企业领导干部的职责，就不得不提到另外一点。

企业内部决策一般采取所谓的"民主方式"，大家召开会议，经过反复协商，再最终做出决定。不过，即使是集体做出的决议，也应该由部长，也就是部门最高责任人来决定是否予以采纳。

所谓"部门最高责任人"，必须清楚地意识到，从自己做出决定的那一刻起，就必须独自承担由此产生的一切责任。无论当初有多少人参与了决策的过程，该决议一经采纳，所有责任便毫无疑问地落在了自己身上。部长的使命就是毫不含糊地告诉大家：我来负责。

事实上，能够勇于承担责任的人并不多。更多的人会说"既然大家都这么决定了……"，以此来回避自己应负的责任。

相反，哪怕是集体做出的决议，如果部门负责人坚决反对，认为自己无法为大家的决议负责任时，就应该明确予以否决。做不到这一点，就不惜挂冠辞职。总之，部门负责人一定要鲜明地表明自己的态度。

如果态度暧昧，模棱两可地说什么"我本人并不赞成，但是少数服从多数，所以……"，这样做，只能说明这个负责人缺乏领导应有的责任感。

不仅部门一级的领导人需要有勇于负责的态度和精神，在关系到企业前途的关键时刻，总经理也要勇于担当。这样，才能增强企业的凝聚力，赢得部下和公司的信任，大刀阔斧地开展工作。

提高职业素养

员工进入公司，经过十年或二十年的锻炼，都将走上重要岗位。这时，有多少人能够自信地说"我就是这一行的专家，工作上完全可以独当一面。这是我赖以生存的看家本领，我对自己的工作能力绝对自信"呢？

也许平常自认为工作已经驾轻就熟了，但是真的追问一句："你可以毫不惭愧地说自己就是这方面的专家吗？"恐怕很少有人能坚定地回答："我就是专家，如果用围棋或象棋选手的标准来看，已经达到职业三段的水平了。"

走上部长一级的领导岗位，就必须在日常工作中不断提高自己的职业素养，在关键时刻可以当仁不让地成为众人的表率。

打个简单的比方。一个刚刚入门的书法爱好者，拿起毛笔，再怎么努力也写不出像样的毛笔字来。如果换作书法家，提笔落字，挥洒自如，实在令人钦佩。二者的表现大相径庭，是实力悬殊造成的。

当我们在进行产品的策划、生产和销售时，也同样如此。普通员工往往花上一二十天的时间才能拿出好的方案，这不足为奇。而那些通晓业务的高手，仅用极短的时间，就能拿出令人耳目一新的创意和令人叹为观止的产品。水平高低，一目了然。

我曾听说过这样一件事：二战期间，日本军队发现战斗机存在缺陷需要进行改造，从设计到改造完成大概需要数月或一年时间。而美国军队一旦在战斗中发现飞机的缺陷，几名工程师只需在一周之内就能对其进行彻底改造，改进后的飞机在下次战斗中即可投入使用。速度之快，远胜日本。我并未考证过事情本身的真伪，不过我相信，那些精通机械制造和产品设计的技术高手，是完全可以做到的。

产品不断推陈出新令人应接不暇，这是当今产业界的真实情况。身处其中的企业领导应该有足够的紧迫感和责任感，不断提升自己的实力和水平，从而拥有足够的自信。同时，在这个日新月异的变革的时代，必须紧跟时代前进的步伐。否则，今天的职业高手也许明天就会被时代淘汰。

为此，企业的部门领导应该时常对自己的实力做出客观的评价，不断提高专业素养。坚持不懈的努力会激发出无限的潜能，从而拓展思维、提升实力。

培养人才的要义

人们常说："企业的竞争即人的竞争。"人才培养在企业管理中占有重要的地位，这是不言而喻的。人才的不断涌现，是支撑部门和企业持续发展的重要基石。培养人才，是部长们一刻不可放松的重要任务。

那么，如何才能培养出优秀的人才呢？人才的培养，涉及各种重要因素，其中最基本，也是最重要的一条，是让每一个成员了解本部门的发展发针。部长要让本部门的每位员工明确知晓：自己的部门在整个公司里承担着哪些方面的工作，为了更好地完成本部门的任务，今后将以哪些内容为指导方针，重点开展哪些工作。同时，部长要反复要求大家真正理解本部门的工作方针，群策群力，共同努力。此外，部长还要让大家知道，自己愿意在大家遇到困难的时候，随时提供应有的帮助。当然，一个部门的方针和目标必须与公司的方针和目标相统一。

在整个公司运营的层面，总经理应该要求全体员工理解和贯彻公司的经营方针，自觉主动地提高自己的业务水平，让员工找到努力的方向。如果公司缺少经营方针，或者公司领导没有反复向员工们灌输，员工们就没有努力的目标和动力，终日只满足于完成任务，优秀人才也难以涌现。

国家也应当如此。国家应该确立本国的发展方针，并围绕该方针对全体国民开展教育，号召全体国民向着共同的目标奋进，共同推动国家发展。同样，每个人也应该制定个人的发展目标，并为此付出不懈努力，不断提高自身的水平和能力。

因此，作为一部之长，不要责怪部门员工不够努力，而要反省自己是否努力让员工理解了部门的发展方针。

不打扰部下工作

每个人都希望获得工作的机会，做一个对他人、对社会有用的人。整日无所事事，优哉游哉度日，也许在短时间内对某些人来说是一件开心的事情，但是时间一长，自己也会感到无聊烦闷。我抓住人们的这一心理，总结出一个让员工卖力工作的诀窍。那就是，当部下集中精力工作的时候，尽量不要去打扰他们。原本工作热情很高的人，突然被人泼了冷水，肯定会感到不愉快，饱满的工作情绪也会因此低落下来。

所以，当部下全身心投入工作时，我都尽量不去打扰他们。当然，这并不代表完全放任不管。作为一部之长，及时提醒员工是应有的责任，只是要注意方法和态度，避免影响他们的工作热情。

我的员工常常说，跟着我工作十分愉快，表扬我能够体谅别人的心情。这大概是因为我很少打扰他们工作的缘故吧。

现实当中，有很多领导心里希望员工努力工作，行动上却影响了员工的积极性。

不影响、不干涉别人的工作，其根本的出发点就是对他们信任。但是，大家都是普通人，不是神仙，几乎没有人的工作能够百分之百让人放心。即使百分之六十让人放心了，剩下的百分之四十也还是不免让人放心不下。不过，如果对部下的信任度可以达到百分之六十以上，不妨放心地交由员工自己去做。在工作过程中，当发现了需要适当提醒的事项，可以在尊重对方的前提下，直言不讳地加以指正。这时，大部分员工都不会辜负上司的期待，能够出色地完成任务。这是我的经验之谈。

在日常工作中，越是希望部下好好工作的领导，越容易打乱部下的工作节奏。作为部门负责人，需要时刻提醒自己，不要犯这样的错误。

如何防止矛盾产生

谁都不愿看到部门内部矛盾丛生，摩擦不断，部长与员工之间、上司与部下之间人际关系紧张。大家都是普通人，出现矛盾和摩擦在所难免。作为部门领导，一方面要允许矛盾和分歧的存在，另一方面更要在人事方面精心安排，尽量避免和减少矛盾。

例如，某部门有三位科长。如果三个人性格相同，水平相当，就容易出现分歧和意见不合。人事安排上，应当尽量安排性格相异的三个人相互配合，其中一人善于决策，另有一人善于沟通协调。恰当的人事安排，可以减少分歧，提高工作效率，有助于部门营造和谐的工作氛围。

相比之下，部门领导层之间的矛盾和分歧，处理起来则更为棘手，因为自己也是其中一员。当其他干部之间发生意见不合和矛盾时，作为部长免不了要从中协调，结果却身不由己地被卷入矛盾的旋涡当中，于是分歧越来越深。这时，最明智的办法还是让部门领导各自分担不同的职责。

例如，一个团队中有三名干部。三名干部职务上完全平起平坐，不利于工作。这时，应该确定其中一人作为团队的总负责人，遇到问题，必须与他商量才能做出决定；或者由部长本人担任团队的最高领导，在尽量听取另外两名干部意见的基础上，由部长本人决定如何取舍。

说起这个话题，我想起自己曾经对一个非常优秀的总经理说过这么一句话：邀请朋友来你的公司做领导，是最不明智的选择。

事情的起因是这样的。这位总经理请他的一位朋友来自己公司做常务董事。听闻此事，我十分担心。遇到这种情况，有些话必须事先要跟朋友讲清楚：你来到我的公司工作，我们就不再是单纯的朋友关系了。你必须知道，在我的公司，你是我的部下。如果你能做到，那么欢迎你加入我的公司。如果你认为自己是作为朋友来帮忙的，那还是不要来公司为好，请你继续留在公司外部给予我支持。如果事先不把这层窗户纸捅破，含糊其词，那么朋友做了公司常务董事，会仍然以总经理的朋友自居，没有意识到双方是上下级关系。当意见出现分歧时，朋友忘记自己是总经理的部下，认为朋友之间就应该畅所欲言，不服从总经理的决定，从而造成不必要的对立和矛盾。

正是出于这样一种不良的预感，我向朋友提出了上面的忠告。企业领导如何巧妙地将自己以及特点各异的员工团结在一起，让大家愉快地工作，也是一门很重要的学问。

失败的价值

任何人都会不小心犯错或做错事。谁都不愿意犯错，谁也不希望把事情弄砸。犯了错误，都会感到后悔和愧疚。

犯错，是在所难免的。犯错并不可怕，所以不用害怕它。重要的是，犯了错误以后不要回避，用正确的态度对待它。可以毫不夸张地说，对待失败和错误的态度，将决定一个人今后的路能走多远。

那么，我们应该如何面对失败和错误呢？最明智的方法就是，坦率地承认，知错就改。这是最简单的方法，也是最好的方法。

我们经常看到，有些人失败之后，无法从头再来，又碍于面子，只好硬着头皮蛮干下去，于是导致更大的错误和失败，带来更大的危险。知错不改，比犯错误本身还要可怕。

大家都不是神仙，在漫长的一生当中，谁能够保证自己不犯错误呢？关键是，犯了错误，要虚心改正。在企业里面，地位越高的人，越容易碍于身份和面子，明知错了，却竭力掩饰。结果，错过了及时改正错误的时机，自己心里别扭，还会给企业和周围同事带来麻烦。

　　希望大家相互提醒，引以为戒。对于犯了错误的同事和部下，也应该采取更加宽容的态度。

焉知非福

有时候，总体来看，企业各项业务进展得均十分顺利。可是，员工在实际工作当中，仍然会碰到各种各样的具体问题和困难。一个家庭，人的一生，也同样如此。生活不会一帆风顺，每隔五年、十年，总会碰到一些令人烦恼的事。

人生不如意事十之八九。困难和问题都不足为奇。不管在什么情况下，遇到困难都不可怕，重要的是要有足够的心理准备和必胜的信心，坦然面对问题和困难。如果没有坚定的信念，就会在困难面前害怕、退缩，最后只能以失败告终。

我自己也曾经经受过许多困难局面的考验。幸运的是，每次遇到困难，最终都有好的结果。例如，公司新开发的产品无人问津，所有努力付之东流。这本来不是什么令人高兴的事。不过，我们从中寻找产品滞销的原因，得到新的发现和启发，然后运用到其他新产品上，最终取得了成功。这样的事情屡见不鲜。

又比如，经常有员工被客户痛骂一顿之后，回来向我报告，客户说再也不跟松下公司做生意了。但我知道，其实这对我们公司来说可是大好机遇。俗话说："不打不成交。"挨了客户的骂，其实正是与对方进一步加深合作的前兆啊。

这时，我会要求员工再去向客户重新说明一次我们松下公司的经营方针。我对员工说：请你告诉客户，你已经向总经理报告了事情的经过，总经理要求你再向他们解释一次，"客户的利益就是本公司的一切出发点"，也许现在还有一些不尽如人意的地方，但是这并不影响我们站在客户的立场来考虑问题。不能因为一次失误就全盘否定我们松下公司的经营方针。否则，是十分令人遗憾的。如果你说明情况之后，对方还是不答应，那你就不必再多言，立马转身走人。不用有什么顾虑，只管再去一次，把我刚才这一番话转告给他们。

于是，我的员工重新找客户转达了我的意思。听了他的转述之后，对方说："我明白贵公司总经理的想法了。既然如此，就收回之前的决定，继续扩大与你们的合作吧。"这样的事情我曾经碰到过好几次，一个过失反而成了与客户加强合作关系的契机。从那以后，对方往往都会成为松下公司的忠实客户。

回想起来，如果当初没有用长远眼光来考虑问题，就不会有勇气为自己辩护，挨了别人的骂，也只能束手无策。在我看来，我们努力工作，提高经营水平，都绝非为了自身利益，而是为了大家的利益，为了让客户满意。正是因为我在日常工作中常常这样提醒自己，要求自己，所以才会如此自信。失败是成功之母，应该就这个道理吧。

无论是与客户打交道，还是做好日常工作，都需要坚定的信念。

正确评估自身实力

经常听人说起："作为普通员工，他工作出色，能力很强。可是，当上组长以后，不但自己的工作乏善可陈，而且也没能带好手下一班人。"或者："他是一位十分优秀的课长，但是绝不是一个称职的部长。"

日本企业一向有论资排辈的传统。虽说近几年来这种风气有所改变，但不可否认的是，这样的传统仍然普遍存在。企业提拔任用干部，往往并不是单纯从个人能力出发，有时还有其他因素的考虑。

升职当部长或者课长，本人感到满意，周围同事也替他高兴，这原本是件好事。但是，如果因实力不济而无法胜任新的岗位，恐怕不但他本人会很痛苦，公司的工作也会受到影响。当公司准备提拔某人当部长时，如果此人有自知之明，觉得自己无法胜任这个职位，就应该主动提出"我做好课长的工作游刃有余，但做部长就力不从心了"，谢绝公司的好意。这样，他将继续做一个成功的课长，而不是一个失败的部长。

当然，也有与之相反的情况。

每个人都应该了解自己的能力高低，尽量从事与自己能力相当、在能力范围内的工作。

一个只有 50 分力气的人去做 70 分的工作，是注定要失败的。相反，有 100 分力气的人做 70 分的工作固然是绰绰有余，但大材小用，十分可惜。有 100 分力气的人，应该正确地认识自己的能力和水平，起码应该去承担 95 分的工作。否则，对本人，对公司而言都是一种损失。

对于公司管理人员来说，应该经常对自己的能力进行正确的评估，尽量从事与自己能力和特长相当的工作，从而减少工作压力，愉快地工作。

一个人，一个企业员工之所以受人尊敬，并不是因为他从事的工作有多么重要，而是因为他能够努力把与自己能力相当的事做到最好。

需要注意的是，每个人的能力和特长并非一成不变。人的能力时时刻刻都在进步，只要不懈努力，个人才干就会得到不断增长和锻炼。

所以，既要正确评估自己当前的实力，尽量从事自己能力范围以内的工作，另一方面又要时刻注意努力提升自我实力，让自己具备向更加艰巨的任务发起挑战的实力和信心。

找到适合自己的舞台，不仅本人可以品尝到努力工作所带来的喜悦和成果，也能为社会和企业做出更大的贡献。

逢大事，必能成

以前，曾经听前辈说过：公司人手不少，能成大事的却很少。的确，在经营企业的过程中，大多数人能胜任一般性的工作，但是到了紧要关头，能够委以重任的就为数不多了。

当然，做好日常工作，这本身是十分重要的。希望大多数人都能在关键时刻担当重任是不切实际的。不过，一个企业必须有那么一部分人，能够在重要关头为公司挺身而出，打破僵局。

什么样的人才能堪当此重任呢？精通业务固然十分重要，但它仅仅是一个最基本的条件。仅凭这一点还远远不够，还需要有在关键时刻不惜身家性命、不达目标永不罢休的气概。只有这样的人，才能在关键时刻发挥重要作用。

以前，曾经在书上读到过这样一段故事。众所周知，明治时期是日本历史上的鼎盛时期。当时，明治政府遇到了许多前所未有的困难，许多大臣都相继辞职了。这时，明治天皇对朝臣们说道："遇到困难，大家都可以辞职。可是我呢，我能辞职吗？"

我想，明治天皇定是下了不惜以生命为代价也要推动变革的决心，才能说出如此掷地有声的话。明治天皇在位的四十五年间，日本从一个既无电车又无电话的落后工业国和文化弱国一跃成为世界强国之一。正是有了像明治天皇这样有着远见卓识和敢于担当的领袖，日本才打下了近代国家的坚实基础，进入划时代的强盛时期。

也许，我们没有像明治天皇那样义无反顾的英雄气概，但是作为企业领导，应该在日常工作中培养自己敢于担当的精神，在关键时刻能够挺身而出，为企业承担起重任。

苦中作乐

作为一部之长或公司领导，肯定会在工作中不断地碰到各种问题。有些部门在外人看来一切正常，工作进展顺利，其实部门负责人心里也有一肚子苦水。前面的事情还没解决，后面急着要办的事情又接踵而至。各种烦恼交织在一起，让人寝食难安。大多数人都希望能够快刀斩乱麻，把眼前的事情办妥之后，再腾出手来，有条不紊地处理接下来的工作。

不过，想要在工作上完全做到游刃有余，不太现实。我们能够做到的，就是尽量避免沉溺于烦恼当中，要果断地采取行动，尽最大努力让自己相对轻松地工作。

回顾我作为一名企业家的历程，坦率地说，我的每一天都是在战斗和竞争中度过的，每一天都如履薄冰，充满危机感，难得有喘息的时间，生怕稍有闪失就会导致企业蒙受重大损失。

反过来想，不正是因为自己每一天都如此繁忙而纷乱，生活才如此充实吗？不正是因为付出了许多心血，克服了很多麻烦，才取得了今天的成果和成功吗？

领导一个国家也是同样的道理。作为一国之领袖，时刻要警惕关系国家安危的各种潜在威胁，维护本国的稳定和发展。而每个国家所处的环境以及国际地位也是时刻变化着的。例如，二战以来，美国一直都是世界公认的超级大国，它自己也以世界超级大国自居，但是最近美国在国际上的威信已有所降低。每个国家的领导人都是代表该国的优秀人物，他们带领着自己的国家一心谋求发展。在你追我赶中，各国的力量对比正在发生着此消彼长的各种变化。

国家实力的变化一般是个较为漫长的过程。相比之下，企业、部门和每个人所面临的各种变数则要大得多。因此，不能指望每天都能不紧不慢、轻而易举地完成工作。有苦恼，有困难，才是我们必须面对的常态。

工作中遇到烦恼必然是痛苦的，令人煎熬的。而且，苦恼的程度将随着职务的升高而增加。作为企业领导人，遇到烦恼和问题是理所当然的。如果不愿承担这些烦恼，可以辞职一走了之。不过，只有经历过各种困难的人，才能有所收获，有所进步。烦恼是一种刺激，也是一剂良药，它常常能够催生出新的创意和产品，最终帮助你克服困难，摆脱烦恼。在这一过程中，你将收获到只有领导干部才能体会到的快乐和成就感。

坚强的意志和信心

现代企业管理在生产、技术研发、销售等各个环节都有了许多创新，变革和创新的速度之快令人目不暇接。今天的这些进步都是与过去相比较而言的。再过一百年，让将来的人们看到我们今天的所作所为，没准会笑着说："那时候的人真笨啊！"世界就是这样飞快地变化着。

今天大家认为不可能的事情，一百年以后大多会成为现实。一百年后的人们还将面对他们认为不可能的各种问题。只要人类存在一天，就不会停下探索的脚步，就会去挖掘和发现一个个未知的新方法。作为企业领导人，必须要意识到：身为企业领导，自己的使命和责任正是去发现那些未知的新方法。

有了这样的使命感和坚定的信念，就一定能顺利圆满地完成工作。在别人眼里，你依然是那么举重若轻，其实他们并不了解你为此付出的艰辛努力。

遇到困难，最重要的就是要坚定地相信办法比困难多，无论什么困难，一定有很好的解决方法。同时，也要让员工们懂得事在人为，所谓"世上无难事，只怕有心人"。

任何一件事，如果一个团队或者部门的领导首先放弃了，原本能够办成的事情也很难成功。相反，如果领导认为一定能把事情办成，有必胜的信心和决心，就要召集所有的部下，坚定地告诉他们："现在，我准备做这件事，请大家和我一起努力。这件事一定能成功，请大家全力以赴。我自己会倾尽全力，同时也希望大家鼎力支持。"当一个集体斗志昂扬地为实现某个目标而团结进取时，成功自然就指日可待了。当然，有一个前提，即，大家努力的目标必须是符合自然规律和人之常情的。只要目标合乎情理，哪怕过程艰辛，道路曲折，最终总能一步一步地向成功迈进。一直以来，我就是这么做的。当部门和团队领导树立了坚定的信念，并将自己的决心明确地告知部门员工，所有成员心往一处想，劲往一处使，依靠集体的智慧和力量，一定能创造出更好、更新的生产制造工艺、销售手段和企业管理方法。

所以说，领导者绝对不能流露消极悲观的情绪，而要坚定地告诉自己和部下：一定要有必胜的信念，即使遇到挫折，也能吃一堑，长一智，不断汲取经验，迈向成功。这种坚强的意志和坚定的信心正是领导者的必备条件之一。

热爱工作

在工作中，还有一点非常重要，因为它既是大家必备的素养，同时也是实践其他各项心得的基础。

那就是：发自内心地热爱自己的本职工作。其实，这并没有什么特别之处，甚至可以说是极其普通的。也许大家听了以后，会失望地说："这样的小事也值得一提吗？"

把工作当成公司指派的任务或者谋生的手段，是无论如何也做不好工作的。能否做好工作，关键还是要看能否把工作当成一种乐趣。有些时候，我们埋头苦干，一心惦记着工作，连觉也睡不好，外人看来觉得很辛苦，担心我们累坏了身体，而我们自己却乐在其中，根本不觉得累。

在企业工作，特别是部门或公司领导要带领好一个团队，总会碰到几个捣蛋鬼，有的人习惯编造各种理由，有的人总是误解别人的心意，有的人不能准确领会领导的意图。无论谁碰到这些情况，都会觉得棘手麻烦。这时，要学会自我安慰，自我调整心态，尽量争取打消误会，发挥各人的特长，赢得大家的支持。否则，工作就难以取得成功。在遇到困难的时候，能否调整心态和思路，关键就看你对工作的热爱程度。

克服各种困难时的快乐和喜悦，又会让我们心中产生新的勇气。但是，不喜欢自己的工作，就少了克服困难的动力。越是讨厌工作，烦恼就会越多，弄得自己焦头烂额，一心想逃避工作。这样一来，自然无法把工作做好。

不仅企业的工作如此，从事其他职业也同样如此。例如，艺术家。想要成为真正的画家，必须热爱绘画。如果不喜爱绘画，无论如何刻苦，都无法成为真正的画家。要知道，即使是真心喜爱绘画的人，也只有一部分人能脱颖而出，那些不喜爱绘画的人，又怎么能取得真正的成就呢？

此外，在企业工作，要学会找到工作和经营的诀窍。抓不住要点和窍门，往往只能事倍功半。而这些诀窍只可意会不可言传，全靠自己领悟。上司和同事的经验和教导可能会给自己很多启发，不过最终还是要靠自己从工作实际出发，在实践中不断琢磨和领悟。在此过程当中，也许会被前辈不留情面地训斥，也许会被别人使唤跑腿，也许还会被别人不怀好意地欺负。然而，就是在这些不愉快的经历当中，一个人会慢慢成长，领悟到只属于自己的心得。

当然，能否悟出工作的窍门，主要还是取决于是否热爱工作。把工作当作负担，满腹牢骚怪话，是不可能花费心思去琢磨工作的。我想，工作和生活，道理应该是相通的吧。

当对工作缺少动力的时候，不妨问问自己是否喜欢目前的工作，或者自己是否正在努力让自己喜欢上本职工作。希望有一天，大家能够在回首往事的时候对自己这样说：原本一直觉得工作是件辛苦的事，可是现在发现原来工作还有如此有趣的一面。其实，只要注意工作方法，就可以激发出同事和部下的工作热情和无尽的潜力，让工作变得更加富有乐趣。

这么说的目的，并不是让大家全身心投入工作而放弃所有个人娱乐，而是从娱乐中挤出一点时间，比如，把三项娱乐活动缩减为两项，慢慢体会工作的乐趣所在。我想，只要有这种心态，工作起来一定会更加得心应手，心情愉悦，成功自然也就水到渠成了。

中篇

人生心得集

很快就要迎来我的 90 周岁生日了。还记得九岁那年，妈妈领着我从故乡的纪之川车站出发，送我来到大阪做工。直到今天，当时的情景还历历在目，仿佛昨天刚刚发生的一样。时过境迁，81 年过去了。多年来，时常会有人问我："这么多年，您一定吃了不少苦吧？"奇怪的是，自己好像从来没有觉得"苦"过。我只是兢兢业业做好每天该做的事，一步一步地走到了今天。

这当中既有成功，也有波折。自己之所以有现在的成功，是因为有幸得到大家的无私帮助。每当想起这些，就抑制不住内心的感激之情。

我怀着一颗平常心，将自己多年来所思所想的点滴记录下来，表达出来。这些人生感悟结集成册，便就有了这本《人生心得集》。

人生，深邃、复杂而微妙。我只不过是个正在修行途中的普通人，妄言"人生"未免有些自不量力。但是，我由衷地希望自己这些零散细碎的心得，能够对读者诸君有所裨益，帮助大家在人生路上走得更好。同时，也真诚地希望大家对本书提出批评和指正。

松下幸之助

1983 年 8 月

04 人生的航海术

凡事顺应自然法则，则无所不成。常怀赤子之心，必能洞察天理，顺势而为。

自古以来，人们常常将人生比作"大海航行"。人的一生，如同在广袤无垠、瞬息万变的汪洋大海上航行，朝着目的地不断前进。在漫长的航程当中，有时风平浪静，令人心旷神怡；有时惊涛骇浪，风雨飘摇；有时甚至迷失航向，漂流搁浅。人生的航程，大抵如此。

与古代相比，现代的海上旅行变得安全、舒适了很多。这主要得益于航海技术的进步和造船工艺的改进。为了更好地保障海上航行安全，人类始终在思考这样一个问题：如何遵循自然法则，来提高造船技术，完善航海技艺。

在茫茫大海上，航船时刻与大自然的巨大威力相伴而行。风吹浪高，浪起船摇，这就是自然的法则。在航行过程中，只有巧妙地顺应这一自然法则，才能保障航海安全——这是人类推动航海技术进步和改良造船工艺的一个根本原则。海上风急浪大，拼命保持船只不随着风浪摇晃，不仅十分困难，而且还非常危险。换而言之，凡是违反自然规律的事情，都是不可能成功的。

每个人都有各自不同的人生航程，但是航行中遵循的道理却是相同的。那么，如何才能做到顺应人生旅途中的自然规律呢？其实，自然规律并不深奥难懂，都是些妇孺皆知、浅显易懂的道理。比如，下雨天要打伞，不打伞就会被雨淋湿；生病发热要安心休养，不要硬撑；受人恩惠要知道感恩。对于生意人来说，应该遵守的规则是：保证产品质量，合理定价，按时付款。产品滞销时，不要勉强推销，而要及时调整经营策略，看准了方向再全力以赴努力做下去，这样自然能够打开产品销路。这些看似理所当然的道理，就是我们在人生航程中应该遵守的自然规律。按规律办事，就会事事顺利，不但有益身心，还有助于建立融洽的人际关系，获得事业的成功。

当我们一不小心忽视了这些道理，就会四处碰壁。拿破仑有句名言：我的字典里没有"不可能"这个词。从某种意义上说，这是十分狂妄自大的表现。虽然也有"只有想不到，没有办不到"之语，但是在有些事情面前，人类确实是无能为力。例如，生老病死就是一个不可阻挡的自然规律。曾经不可一世的拿破仑，不也在晚年身陷囹圄，在孤独中悲凉地死去吗？说什么"没有什么不可能"，是非常自不量力的狂妄之举。

不过，换个角度来看，拿破仑的话语中也蕴含着一定的哲理。什么是"不可能"？所谓"不可能"的事，就是违反自然规律、绝对不可能发生的事情。世界上有很多事都是不受人类意志掌控的。例如，人都会变老，这是自然规律。如果无视自然规律，拒绝变老，就是不现实的。

相反，如果顺应了自然法则，按规律办事，当然就"一切皆有可能"了。无论是保养身体，还是与人交往、成就事业，凡是顺应了规律，就能做到无往而不胜。所以，换个角度来看，拿破仑的名言也有一定的道理。遗憾的是，一代英雄拿破仑，终究没能顺势而为，并因此而招来了大祸。

人生航程中风高浪急，只要始终牢记那些看似简单的道理，保持一颗纯净和质朴的心，那么，无论遇到什么困境，总能山回路转，重现转机。

05　让命运更出彩

谋事在人，成事在天。换一种活法，平凡的人生也能开出绚丽的花朵。

回首往事，不得不说：也许人这一辈子，都是命运的安排。

举个例子来说，如果有人问我为什么选择家电生产和销售这个行业，为什么能在这个行业站稳脚跟，取得今天的成就，思来想去，答案似乎只有一个，那就是：命运的安排。除此之外，还能怎么解释呢？

世上有很多优秀的人才，他们体魄强健，学富五车，才华出众。和他们相比，我自愧不如。之所以能够取得今天所谓的"成功"，只能归结为命运的眷顾。的确，我算得上是一个勤奋的人，但我的学识和努力也并没有什么过人之处。仔细想来，可以这么说：是我不懈的努力打动了命运之神，并获得了他的青睐。

我幼年时因家境贫寒，小小年纪就不得不出门打工。打工的经历让我在耳濡目染中渐渐领悟到生意人应该具备的品德，也尝遍了人生的酸甜苦辣。因为从小体弱多病，才明白了"一个好汉三个帮"的道理。没有过硬的文凭，才更加虚心地向人求教。有过几次九死一生的遭遇，才更加坚信自己不会轻易被命运压垮。所以，我始终乐观地接受命运的安排，并渐渐形成了积极向上的人生态度，打拼出一片属于自己的天地。

命运是不以人的意志和力量为转移的。比如，我们无法选择自己的出生地、性别和国籍，各人的天资禀赋也是命中注定的。

那么，与生俱来的这一切都是一成不变的吗？事实并非如此。我们的人生态度和所作所为，可以使命运展现出它不同于以往的另一面。这正是命运不可思议的奇妙之处。

古语云："尽人事，听天命。"命运给人们留有一定的空间，留待各人自己善加利用。人的寿命、天资，乃至生命中的一切，莫不如此。从某种程度上可以这么说，我之所以取得了一些成绩，是因为自己在无意间借助了命运的力量。

那么，人的生命当中到底有多少空间留待我们去改变呢？根据我个人观察，这部分空间占整个人生的百分之十至百分之二十。当然，用数字来表示未必恰当。如果我们能够用好属于自己的百分之十至百分之二十的机会，剩余百分之八九十的人生注定会变得十分精彩。

因此，如何利用这百分之十至百分之二十的机会，将对人的一生产生很大的影响。人生的确有很多无奈之处，但我们可以在有限的空间里始终坚持信念，踏踏实实走好属于自己的路。无论所处的环境如何变化，都既不要被成功冲昏头脑，也不要因为失败而一蹶不振，要始终昂首阔步走在人生大道上。

06　磨砺人性的光辉

人就像金刚石，不起眼的外表下隐藏着熠熠生辉的本质。经过打磨，原本就不凡的人性定能闪现出其特有的光华。

人应该怎样活着？回答这个问题之前，首先要解决"人类是什么"这个最基本的问题。这个问题的答案，不但可以决定每个人的人生道路，也决定着他以怎样的态度去对待他人。

人类是什么？古往今来，不同学派、不同宗教，乃至有着不同人生体验的个体，都给出了不同的见解。有人认为，人类是会思考的动物，也有人认为人类是具有社会性的客观存在，还有人认为人类是神佛的产物。而在另外一些人眼里，人类不过是迷途的羔羊、贪得无厌的俗物和色厉内荏的懦夫。林林总总，不一而足。

应该说，他们都只说出了人类的一个侧面。在我的眼中，人类是伟大而高贵的。

我生来体弱多病，从自立门户从事家电生产到二战结束，身体时好时坏，时常疾病缠身，只能勉强支撑。

作为公司的创始人，我有心身先士卒带领大家冲锋陷阵，可惜身体不好，总是心有余而力不足，不得不将大部分业务交给自己的部下。自己身体欠佳，就必须完全信任部下，让他们大胆放手去干，只有遇到难以解决的重要问题才需要跟我商量。员工们临危受命，深知我的一片苦心，为了不辜负我的厚望，个个"不待扬鞭自奋蹄"。

员工们满怀热忱地投身到工作当中，上下齐心协力，产生了 1+1＞2 的效应，激发出巨大的凝聚力和动力。

这些亲身经历告诉我，人的潜力如同无穷的宝藏，取之不竭，用之不尽。每一个人都很了不起。

打个比方来说，人就像一颗颗金刚石——外表虽不起眼，但经过切割打磨之后，就会绽放出璀璨的光芒。早在古代，人们就发现了金刚石的这一特点，于是尝试着用各种方法进行打磨。经过切割和打磨之后，展现在世人眼前的就是那闪耀着迷人光芒的钻石。

如同金刚石一般，看似平凡的人经过一番磨砺，也能闪光发亮，因为人类拥有不可估量的智慧和潜力。当我们明白了这个道理，就应该努力磨炼自己，让属于自己的那份与生俱来的光彩彻底绽放。这种磨炼，不仅能够为个人开创出一个更加幸福美满的人生，而且能促进社会的繁荣与和平。

可惜的是，人类对自身的伟大视而不见，宁愿放任自己胆小、自私和争强好胜的一面，导致人与人之间缺乏信任，尔虞我诈。这正是现代社会产生各种迷惘和混乱的根源。

所以，我们应该重新认识自身不平凡的本质，相信自己。同时，更要像打磨金刚石那样，不断磨砺自己，追寻真正的自己，让自己的天赋和才华展露无遗。

07 什么是"成功"

成功就是人尽其才，各得其所。这样的"成功观"既能成就自己的美好人生，也有利于人们和谐共处。

每个人都渴望成功。小时候，大人就教育我们要做一个成功的人。每个人都希望通过自身的努力去获得成功。

那么，到底什么才算得上真正的"成功"呢？

地位、名誉、财产，一度是大多数人衡量成功的标准。拥有了这一切，就能赢得大家的尊敬。对于生意人而言，生意越做越大，钱越挣越多，名气越来越响，就是所谓的"成功"。

的确，取得这些成就不失为一种成功。不过，在我看来，"成功"的定义应该是因人而异。

俗话说"尺有所短，寸有所长"，每个人的天资和禀赋都不一样。地球上不存在资质和能力完全相同的两个人。人的天资禀赋各异，意味着每个人生来肩负的使命不同。有些人天生具有政治家的禀赋，担负着治国理政的使命；有些人天生擅长钻研学问，承担着科学研究的责任。除此之外，也有人生来便具有成为医生、工程师、画家、歌手、建筑师和商人的天赋，这正是命运赋予他们的使命。

在我看来，有一种成功，就是让自己的天赋得到淋漓尽致的发挥，完美地完成上天赋予自己的使命。这才是应有的生活态度，才是真正的成功。

所以，成功的内涵对每个人来说都有所不同。成功的标准既不是社会地位，也不是名誉财产，而是能否充分发挥自己与生俱来的才能，做到人尽其才。对某些人而言，成功就是成为治国平天下的政治家；对于另外一些人而言，成功就是成为手艺精湛的修鞋匠。二者都是为大家服务，受人们尊重。

并不是所有人经过奋斗都可以成为政治家或企业家，人人都成为大富豪也不现实。将社会地位和名誉财产作为衡量成功的唯一标准，人们就可能在追逐地位和财产的同时，忽略了自己的天分，迷失自我。当付出的努力得不到回报时，就容易陷入沮丧和自卑中而不可自拔，从此便失去了人生努力的方向。

相反，活出自我，却是每个人都能做到的。无论是否拥有财产和地位，每个人都可以拥有精彩的人生，收获喜悦、自信和充实。当更多的人把"做最好的自己"作为人生的追求，我们的社会就更加丰富多彩，更加充满活力，人们也会因此获得更多施展才华的机会。

最近，常常有人抱怨："如今的物质生活比以前丰富了，可是人们的不满和烦恼却有增无减。"其主要原因恐怕就是人们未能对"什么是成功"这个问题给出正确的答案。无论是在学校学习，还是进入社会工作，人们似乎淡忘了自己的使命就是"做最好的自己"。这也许正是有些人牢骚满腹、烦恼缠身的根源吧！

所谓的"成功"，就是让自己与生俱来的天赋得到用武之地。如果大家都朝着这个目标努力，自然就会远离埋怨和烦恼，体会到更多的喜悦和快乐，人类社会也将更加和谐繁荣。

08　如何发现天赋

　　既然每个人都拥有上天赋予自己的才能，只要我们始终相信自己，就会在日常生活中自然而然地发现属于自己的才能。

　　如果说成功就是将上天赐予自己的才能完美地展现出来，那么实现这个目标的关键莫过于"如何去发现自己的天赋"。否则，发挥自己的天赋，就成了空谈。当然，发现天赋并不是件轻而易举的事，有时还需要一些时间和耐心。

　　这话听起来好像有些前后矛盾，不过这正是人生的有趣之处，其中包含着不可名状的玄机。因此，想要发现自己的天分，首先要有足够的耐心。其次，才是如何去发现天赋。第一步，就是要真诚地渴望早日发现自己的天赋。这种愿望越是真诚，越是坚定，与生俱来的天赋就越是能够自然而然地显现出来。

　　当我们觉察到自己在某些方面拥有独特的天赋时，会听到内心深处发出的一个声音，指引自己向着某个方向努力。有时，一件不起眼的小事，一个突如其来的灵感，也能让我们意外地发现自己的才能。另外，周围的朋友对你的特点比较了解，他们的建议也会带来一些启发。只要强烈地渴望发现自己的天赋，就一定不会错过这些细小的启示，敏锐地捕捉到自己特有的才能。相反，如果你的愿望并不强烈，别人的建议哪怕再重要，也不过是"对牛弹琴"，起不到任何作用。归根结底，坚定的信念和强烈的愿望，是发现天赋的第一步。

除此之外还有重要的一点，就是始终保持一颗素直之心。所谓"素直之心"，就是不以一己之私利作为评判是非曲直的标准，能够客观公正地看待事物，从而做出准确的判断。失去素直之心，往往容易盲目自信，或按照个人好恶曲解别人的忠告。其结果就是适得其反，南辕北辙。

因此，想要发现自己的天赋，坚持两件事最重要：一是心要诚，二是心要真。

发现天赋，除了主观努力，还需要有相应的客观环境。例如，在孩子的教育当中，要让他们从小就懂得这个道理，为他们发现自己的天赋创造良好的环境和氛围。如果整个社会都形成了人人渴望发现天赋、处处鼓励大家发现天赋的氛围，那么每个人就都能够通过努力获得成功，找到一条属于自己的幸福的人生之路。如果人们寻找到一条适合自己的路，就不会白白浪费精力、徒劳无功了，也不会盲目与别人竞争。当每个社会成员将完成上天赋予的使命作为人生的追求，社会就会形成一个有机整体，走向更加繁荣的明天。

09 一切源于信任

每个人都愿意努力回报别人对自己寄予的信任。即使被自己所信任的人欺骗，也不要改变初衷，将信任坚持到底。

多年来，我有幸与很多人合作共事，结下了很多值得珍惜的缘分。时至今日，让我深有感触的是：总体看来，绝大多数人都十分优秀，只要给予足够的信任，他们定能回报别人的信任。而且，人与人之间相互信任，有益于身心健康，有助于建立融洽的人际关系。

记得我和家人创业之初，曾经发生过这样一件事：当时业务十分繁忙，压得我们三个人无法招架，于是就对外招聘了四五个帮手。这时，我们遇到了一个难题。当年，我们生产的产品是电器插座，它的原材料是一种用沥青、石棉和石膏粉等物混合搅拌而成的膏状物。在那个年代，这种膏状物属于新发明，各家工厂都把它的制作工艺当成商业秘密，只透露给自家兄弟或亲戚，以家庭作坊的形式进行生产。因此，该不该把膏状物的制作秘方教给招聘来的员工？我们在这个问题上发生了分歧。

当时，我认为，其他工厂只依靠自家亲戚干活，对外人守口如瓶，甚至禁止普通员工进入生产现场，这种做法不利于提高工作效率。再说，招聘的员工也是企业的一分子，把他们当成外人提防着，未免太不公平了。于是，我决定把这种膏状物的制作工艺毫无保留地教给他们，让他们一起参与生产。

有位同行听说了这件事，劝告我说："你这么做恐怕会让生产工艺落到外人手里，导致咱们的对手越来越多，对你自己，对我们，都没有什么好处呀！"不可否认，同行的忠告的确是一种善意的提醒。不过，我依然相信，连这么重要的商业秘密都毫无保留地传授给了员工们，他们怎么会轻易背叛我呢？

幸运的是，产品的生产工艺并没有被泄露出去，我的做法取得了很好的效果。员工们受到信任，工作热情更高了，整个工厂都洋溢着和谐、真诚的气氛，生产效率大幅提高。

这件事让我更加坚信，一定要相信自己的员工，放心地给他们机会。例如，我曾经让刚二十出头的年轻人负责公司在金泽开设新事务所的筹备工作，让爱动脑筋的员工负责新产品的开发。这些被我委以重任的员工，大多做出了超乎我预期的业绩。

　　一次次的亲身经历让我由衷地感受到"信任"二字的重要性。试想，如果我当初没有选择信任与自己并肩工作的伙伴们，结果将会是一番怎样的情形呢？恐怕非但工作效率得不到提高，自己也会疲惫不堪，身心憔悴吧！

　　的确，人都有喜怒好恶，也难免会患得患失，常常出于私心或好恶而对别人怀有戒备之心，害怕自己的东西被别人侵占，担心自己的利益遭到别人的恶意损害。不过，怀疑别人，只能给自己带来不幸，让工作效率大打折扣，最终自食苦果。

　　人与人之间的信任是十分可贵的。也许，偶尔会因为相信别人而暂时吃了亏。即便如此，也要坦然面对，不要轻易改变自己的初衷。只要你坚持这么做了，别人反而不会轻易背叛你。要知道，无论谁背叛了信任自己的人，他都会因此而受到良心的谴责。

　　所以，我想说：人是值得信赖的。

10　常怀感恩之心

人，不可没有感恩之心。感恩让我们懂得珍惜，学会谦逊，感受到生活的美好。

许多年以前，我的健康状况出了问题，每天都闷闷不乐的，精神很疲倦。

有一天，恰巧碰到一个好朋友。我问他："最近总是感到意志消沉，提不起兴致，这到底是什么原因呢？"

听完我的话，好朋友立即回答道："你这是忧郁症啊！"面对这个意想不到的回答，我不禁心头一愣，连忙追问："那到底是什么原因呢？""原因很简单，"朋友接着说，"因为你感觉不到生活的乐趣，不懂得感恩。在我眼里，你是多么幸运啊。可是，现在的好日子好像并没有让你感到满足。也许，你从来也没有意识到，我们赖以生存的这一切——阳光、空气和水，都是大自然的无私赐予。你感到孤独，是因为你对于这一切都无动于衷。相反，如果你明白了这些道理，懂得感恩，就会发现世界是那么美好。即使偶尔遇到烦恼，也能够淡然处之。"

朋友的这番话令我茅塞顿开。的确，正如好友所言，对于自己的处境，即使偶有满足之心，却也不曾有过感恩之情。更没有想过，正是大自然的无私馈赠，才有了我们赖以生存的空气和水，才有了自己的生命。

于是，我懂得了一个道理：家庭和企业对我来说都很重要，但是，如果没有空气，哪怕只有短短五分钟，我们连生存都成了问题，还谈什么工作呢？我们拥有取之不尽、用之不竭的空气，实在是件幸运的事情。对此，我无动于衷，却常常为一些琐事而沉湎于烦恼之中，这样做未免太狭隘了。想到这里，我终于明白，一个人应该有更加宽广的胸怀，不要为那些微不足道的小事而烦恼。

大自然给予我们无私的馈赠：阳光、空气和水。父母兄弟、亲朋好友给予我们亲情和友情。祖先们为我们留下丰厚的物质和文化财产。这些，都值得我们心存感激、铭记在心。

可惜的是，包括我自己在内，很多人仿佛已经完全忘记了这一切，终日闷闷不乐，郁郁寡欢，失去了生活的乐趣。

对于终日忙碌的现代人来说，"感恩"已然成了不合时宜的老古董，不知被遗失到哪个角落里去了。然而，无论时代如何变迁，懂得感恩永远都是一种可贵的品质。懂得感恩，才懂得珍惜，懂得谦虚待人，与人和谐相处。

当你遇到烦恼，感到郁闷烦躁的时候，不妨问问自己：是否遗忘了那颗感恩的心。这也算是我的人生心得之一吧！

11　不忘敬畏之心

俗话说"无知者无畏"，世上没有比"天不怕，地不怕"更让人担心的事了。我们应该心存敬畏，行有所止。

如果希望生活少走弯路，须得时刻始终保持一颗敬畏之心。

也许有人会说，"敬畏"就是"害怕"之意，胆小怯懦是没有出息的表现呀！

这里所说的"敬畏"，并非胆小怕事，而是指出于谦逊而产生的虔诚、谨慎的情绪。敬畏之心是十分重要的。例如，学生要敬畏师长，企业员工要敬畏上司。作为企业家，则要敬畏社会道德伦理。总之，人人心中都不可缺少敬畏之心。

当然，"敬畏"的对象，不仅指外物，也可以是每个人自身。因为，每个人身上都有许多值得自己警惕的弱点，诸如懒惰、傲慢、怯懦、缺乏毅力，我们须时常提防这些负面情绪的滋长。所谓"敬畏之心"不是指害怕和恐惧的情绪，而是指在精神层面保持自律的一种心态。

为什么要这么说呢？试想，一个自以为无所畏惧的人，凡事目空一切，无所顾忌，久而久之就会变得狂妄自大，以为自己可以为所欲为。这时，不幸就离他不远了。

纳粹狂人希特勒就是一个很好的反面典型。这个不可一世的强权主义者，正是因为无所忌惮地滥用权力，最终踏上了自取灭亡的不归路。希特勒的教训告诉我们，忘记敬畏将会带来万劫不复的后果。

我们始终要怀有一颗敬畏之心，谨言慎行。久而久之，无形中就能养成谦虚谨慎的习惯，时常反省、检点自己的行为，进而做出明智的判断和正确的选择。因此，敬畏之心能够让我们学会谦虚做人，懂得踏实努力，从而成为一个有真才实学的人。

懂得敬畏，不仅对个人十分重要，对于企业、团体，甚至执掌政权的政府而言，也十分重要的。无论是一个组织，还是一个政府，如果不知敬畏，就容易盲目相信手中的权力，以为强权可以征服一切，甚至不惜动用暴力和强权逼迫人民臣服。这样做，看似暂时达到了目的，但是不久之后终将会自食恶果。因此，不论是个人，还是政党和团体，在推行政策和主张时，都应该采取更加审慎的态度，避免造成"多数人的暴政"。

遗憾的是，当今社会无论是个人，还是团体，"无知无畏"者可是大有人在呀！

12 洞察人心微妙

很多时候，人的心理很难用理论去解释。要学会读懂微妙的人心，时刻注意自己的举止言行，构建和谐融洽的人际关系。

细想起来，人心真是个难以琢磨的东西。所谓"人心微妙"，是指人的情绪会随着鸡毛蒜皮的小事而千变万化，时而高兴，时而悲伤，时而愤怒，有时趾高气扬，有时垂头丧气。为了在社会生活中保持愉快的心情，就要学会换位思考，懂得想他人之所想。

我曾经听说过这样一个故事：

明治年初，日本政府计划开历史之先河，向国民征收所得税。当时，大阪城南宋右卫门町有一家著名的高档茶馆——富田屋。有一天，大阪税务署在这里设宴招待全城的知名富商。

富商们心里琢磨着，出面请客的是手握大权的官府衙门，虽然美其名曰"设宴款待"，可没准是一次凶多吉多的"鸿门宴"！大家在宴会厅里正襟危坐，心里七上八下，忐忑不安。税务署长官来了，他并没有在宴席正中的主位上就座，而是一屁股坐在最下手的位置。刚一落座，长官就向大家解释道："这次请大家来，也不为别的，主要是恳请各位对开征所得税一事给予鼎力支持……"说完之后，还亲自给在座的富商——斟酒敬酒。

故事虽简单，却很耐人寻味。在当时的日本，官尊民卑的思想还十分盛行，官府出台新的税种，通常只需发个布告，或者命令商人们按章执行即可。然而，当时的政府并没有简单地这么做，而是由税务署长官亲自出面，恭恭敬敬地说明这项政策的目的，恳请大家支持，这种富有人情味的举动让商人们感到心里很舒坦。

我觉得，照顾别人的心理，多一点人情味，在日常生活中也是十分重要的。

求人办事，往往有两种情况。一是"靠利害关系就能办成的"，二是"不是光靠利害关系就能办成的"。如果对方态度蛮横，居高临下，哪怕事情对自己有利，很多人也会断然拒绝。相反，如果对方诚恳礼貌的态度打动了自己，有人宁愿自己吃亏，多点麻烦，也会热心帮忙。所以说，人的心理变化十分微妙，很难用什么道理去解释清楚。

当你有求于人的时候，一定要牢记上面所说的这两种情况，注意把握分寸，言行举止要得当。在生活中时刻用心观察这微妙的人心，就一定能建立起良好的人际关系。

记得时常提醒自己：我的一言一行是否照顾到了别人的感受？

13　感悟日常点滴

　　在人的一生中，并非只有惊天动地的成功或挫折才能带给我们有益的经验或教训。只要细心体味，即使是在平凡宁静的日子里，也能领悟到许许多多的人生哲理。

　　古语云："百闻不如一见。"意思是，任何事物，听别人说上一百遍，不如自己实际看一眼来得明白。这句话说得没错。不过，大千世界，无奇不有，有些事物即使亲眼看见了，也未必能够轻易看透其中的本质。

　　例如，我们看到了"盐"，就会明白"哦，盐是白色的"。至于盐的味道，看不出来，也想象不出来。必须亲自舔一下，才知道"盐是咸的"。盐的咸味，不是凭空想象出来的，是尝出来的。同理，世上有很多事情，只有真正亲身体验过一次，才能真正把握其本质，理解其内涵。或许，我们可以这么说：百闻百见，不如亲身体验。

　　年长者之所以受到尊重，其中一个原因就是他们是过来人，见多识广，丰富的阅历给了他们更强的判断能力。当然，单纯年纪大也并不代表见多识广，主要看他的阅历是否丰富。

那么，到底怎样的经历才能算得上阅历呢？是不是只有惊天动地的成败才算得上阅历呢？

诚然，成功和失败都是人生中弥足珍贵的经历，让我们获益良多。但是，这并不代表只有经历过大风大浪才算得上拥有丰富阅历，也不代表只有那些与众不同的经历才能给我们带来有益的启示。其实，只要善于细心体味，看似波澜不惊的平常日子，也能咀嚼出特别的滋味。从某种意义上来说，学会从看似琐碎的日常生活中总结经验，才是更为重要的。

例如，我们从每天的日常工作中也能获得许多感悟。有时，为自己出色地完成工作而感到自豪——"这项工作干得不错"；有时，也会为小小的失误或者不足而感到遗憾——"仔细想来，这件事做得有点过分了，不太好"或者"虽然凑合着完成了工作，不过，应该还有更好的方法"。经常性的反省反思和推敲琢磨，也会为自己积累一笔十分宝贵的人生阅历。学会在平凡无奇的每一天，仔细回味那些微不足道的成功或失误，能够积累更多的经验，并因此而受益终生。

从看似不起眼的日常琐事中汲取营养，需要用心去体味每个平凡的日子。

在这个瞬息万变的时代里，我们需要的也许并不是什么惊天动地的成功或失败，用心品味每件平凡的小事或许才更为重要吧！

14 尺有所短，寸有所长

不要因优点而自恋，也不必因缺点而自卑。优点和缺点都是上天赋予我们的个性，它们构成了独一无二的"我"。

人们常常因为自己的优点而骄傲并滋生优越感，又会因为缺点而沮丧并产生自卑感。其实，我们都是人，不是神。世上从来没有十全十美、全知全能的人。每个人身上都有优点和缺点，只是程度稍有不同而已。

要知道，人的优点和缺点其实并不是绝对的，不必过于在意，更不值得为之而喜一时忧一时。在日常生活中，优点常常也会变成缺点，缺点有时反而成了优点。我本人经营企业多年，与很多企业家打过交道，从他们身上常常能看到这种现象。

有的企业家学识丰富、谈吐不凡，干起事来雷厉风行，就是人们常说的"能说会做"的那种类型。在一般人看来，有了这样的领导，企业的前途肯定一片大好。然而，事实往往出人意料。相反，那些一眼看上去其貌不扬的人，却能把企业办得风生水起。

　　这是一个十分有趣的现象。一言以蔽之，这也许正是因为有些优点在企业家身上反而成了缺点，而一些缺点倒反而成了优点。

　　才华出众的领导容易盲目自信，自以为无所不能，无所不知，在实际工作中往往不太尊重部下的意见，不愿倾听员工的想法。部下好心提出建议，他们也以"没有新意"为由，将其束之高阁。结果，员工们不再开动脑筋或主动献言献策，一切按部就班，只按领导要求办事，不敢越雷池一步。大家的主观能动性难以得到发挥，缺少了集体智慧，企业自然难以获得跨越式发展。

　　另外，能力强的企业领导，往往嫌员工办事不力，大事小事都喜欢亲力亲为，很少把工作交给员工去做。即使偶尔将任务布置给员工，也放心不下，常常事无巨细地加以干涉。这样做会影响员工的积极性，优秀的人才也得不到锻炼和成长。从长远来看，一定会影响企业的发展。

　　另一方面，那些其貌不扬的企业领导之所以能为企业带来勃勃生机，是因为他们采取了恰好相反的策略。他们不会独断专行，更善于倾听部下的心声，吸纳他们的意见，给予其更多的信任。于是，员工工作热情高涨，大家的智慧汇聚成巨大的合力，推动企业不断进步。

　　除了经营企业，类似的事例在日常生活中也随处可见。优点起了反作用，缺点反而产生了正能量。所以，我们真的不必太在意自己身上的优点或缺点。

　　长处和短处，都是上天赐予我们的，是个人特点的一部分，反映了我们丰富个性的一个侧面，它们构成了独一无二的"自我"。如果就我们自身的喜好来看，这些特点也许有的好，有的不好，让人欢喜让人忧。可是，当我们打破自身局限，从更高的角度来看，就会发现，其实优点和缺点就如同人的外貌一样，并不存在优劣之分。

　　当然，因为缺点而感到自卑，因为优点而自豪，这也是人之常情。正是因为如此，所以大家才希望发扬光大优点，改正弥补缺点，这未尝不是一件好事。但是，不要过于看重自己的优点或缺点，更不值得为之一喜一忧。要从大处着眼，努力发挥自己的特点，做独一无二、最好的自己。

15　善于倾听

感到迷茫无措的时候，不妨听听别人的意见。虚心聆听，坚定信念，脚下的路就会越走越宽。

在日常生活中，难免会有迷茫的时候。有些问题可能是泛泛而论，例如，自己是否适合某项工作；有些问题则比较具体，如自己该如何处理新的工作。此外，年轻人可能还会为自己的前途、婚姻等问题感到烦恼。

生活中的烦恼，小到鸡毛蒜皮的日常琐事，大到事关前途、命运的人生决策，形形色色，林林总总。当我们站在人生的岔路口，为如何抉择而举棋不定的时候，虚心求教不失为一个好办法。家人、朋友、老师、上司、前辈等，凡是了解我们的人，都可以成为我们不可多得的人生顾问。倾听别人的意见，也许就能慢慢找到前进的方向。

实际上，我自己也是这么做的。遇到拿不定主意的事情，一般都会尽量向别人请教。从当初我和妻子、妻弟三个人开办家庭作坊，一直到今天，每当准备开展一项新业务之前，都有犹豫不决的时候。这时，我一定会把遇到的问题告诉周围的人，请他们帮我出出主意。

于是，大家会坦率地说出自己的意见——"松下君，这事恐怕不会那么简单呀！"或者"我相信，以你的能力，一定能成功的，大胆去干吧！"或者"现在时机还不成熟。"如果我觉得别人的意见有道理，就会采纳；如果还是觉得没把握，就会继续听听其他人的建议，请他们从不同的角度来发表观点。最后，我再综合大家的意见，进行决策。

根据我个人的经验，只要自己谦虚诚恳地向别人求教，对方就会毫无保留地畅所欲言。所以，每当感到疑惑时，我总是毫不犹豫、诚心诚意地向别人请教。

不过，这时要切记一点——在虚心的听取别人意见的同时，一定要坚持自己最初的出发点。如果迷失了自己，就会觉得"公说公有理，婆说婆有理"，被别人的意见牵着鼻子走，从而失去自我。另外，还要杜绝私心。否则，往往会因为顾及自己的利益或碍于自己的面子，而只听得进有利于自己的建议。这样，就失去了倾听的意义。

如果我们始终保持虚怀若谷的胸襟，除了周围的人能够为我们提供建议之外，读书和看电视也能让我们受益良多。当然，人的天资禀赋各异，个性特点也不尽相同。别人的成功经验未必完全适用于自己。别人有别人的方法，自己有自己的诀窍。所以，在倾听他人意见的同时，最重要的还是独立思考，认清事物的本质，然后再参考别人的意见。

　　"他山之石，可以攻玉"，个人的智慧和能力是十分有限的。感到迷茫的时候，要懂得借助他人的智慧，绝对不可闭门造车，埋头蛮干。但是，也不可人云亦云，失去主见。对于别人的意见，该采纳的坚决采纳，该摒弃的果断摒弃。当然，如何拿捏这其中的"分寸"也是一门学问。一旦能够恰如其分地把握好其中的"度"，人生之路就会越走越宽。

16　事业与命运

自以为个人的意志可以决定一切，就特别容易在挫折面前一蹶不振。人的一生，总有一些事情是自己无法掌控的。明白了这个道理，我们将会活得更加轻松。

二十二岁那年，在一家电灯公司上班的我决定自立门户，生产电器。当时所谓的"电器"，并不是今天大家所说的电视机、洗衣机之类的家用电器，只是小小的插座而已。企业的规模虽小，毕竟是自己的选择，是自己选择了这个行业。

后来，当我回首往事，回想当时的情形，总觉得事情并不像自己想象的那么简单。的确，最终做出决定的是我自己。但是，应该还存在某种看不见、摸不着的力量，正是这个力量推动着我最终做出了这个决定。

例如，当时的时代潮流就是一个因素。如果我提前出生二三十年，就一定不会选择从事电器生产这一行。此外，身体状况、周遭境遇也都是促使我迈出这一步的原因。如果我身体强壮，父母健在，两个兄长也没有英年早逝，恐怕我就会走上另外一条人生之路。可以说，选择家电这一行，也不完全是我个人的选择，其中一定也有"命运之手"的推动。

不管身处哪个年代，人们都应该顺应历史潮流，找到属于自己的一席之地。想要从事某项事业，时机也很重要。如果生不逢时，恐怕也很难成就一番事业。

人们可以按照自己的意志做出抉择，同时也被一种无形的强大力量所左右着。这是不容置疑的事实。懂得这个道理，人的内心将变得更加坚强。承认世界上还有比自己更为强大的力量，就更能坦然面对命运的安排，做到顺其自然，拿得起放得下。相反，以为自己的意志可以决定一切，就会在突如其来的挫折面前手足无措，甚至彻底崩溃。

当然，坚定的意志、准确的判断和踏实的努力，都十分重要。不过，人的想法和见解会随着时间和环境而变化，不知妥协和变通，容易陷入迷茫、不安和痛苦之中。

我们需要坚持和努力，同时也要学会放弃。有一种放弃，正是达观的表现。唯有无怨无悔地接受命运的安排，才能在漫长的人生旅途中，坦然面对各种风浪和困难，从容淡定地经受各种考验。即使偶尔遇到困难和烦恼，也不会身陷其中不能自拔，甚至感到绝望。六十年来，正是这种命运观一直支撑着我走了过来！

17　热情与诚意

　　知识、智慧、才能，对于我们的工作都很重要。不过，最重要的还是热情和诚意。有了这两样武器，则无所不成。

　　我曾听说，在人寿保险的业务员当中，业绩好坏竟然会相差一百倍之多。

　　这种差距让我颇感惊讶。在同一家保险公司，推销同样的保险，为何会出现如此巨大的差距呢？原因很多，如业务员的性格，熟悉业务的程度，是否掌握沟通技巧，这些都是重要的原因。

　　可是，即便如此，业绩也不至于相差一百倍呀！根据我的经验来推断，产生如此巨大差距的根本原因应该在于业务员对待工作的态度。一个人的业绩好坏，取决于他是否对工作充满激情，全身心投入，是否钻研业务，时常琢磨如何改进工作。此外，向同一个客户介绍同样的业务，周到礼貌的态度和富有激情的语言也是成功的重要因素。

　　当然，无论是热情，还是诚意，其根本出发点都只有一个：一切为了客户。如果没有"参加保险能够为客户带来利益"这个基本的出发点，恐怕就难以用热情和诚意打动别人。同样是买保险，客户当然愿意选择态度更加诚恳的业务员。对待工作的态度，必然会在工作业绩上反映出来。所以，才会出现那么大的差距吧。

多年以来，我一直深深感受着热情和诚意的重要性。所以，我也经常反省自己是否做到了这两点。可以自豪地说，在实际工作当中，我总是满怀热情地努力进取，充满诚意地与同事们团结协作。虽然我体弱多病，才疏学浅，没有什么过人之处，却幸运地拥有一批才学兼备的部下，正是因为有了他们的努力，才有了公司的今天。

所以，我经常说："作为一名企业家，最不可或缺的就是热情和诚意。如果企业家具备了这两个优点，他的热情和诚意就一定能够感染员工，带动大家无怨无悔地为企业奉献自己的聪明才智，推动企业进步。"

热情和诚意，不仅是对企业家而言的，也不仅仅局限于工作方面。在人的一生当中，无论什么人，无论干什么事，诚意和激情都是决定成败的关键。退一万步说，即使是不能开口讲话的人，如果有了热情和诚意，也一定能够通过笔谈、肢体语言等各种方式来打动别人，唤起大家的共鸣，得到更多的支持，从而获得成功。这也许就是所谓的"成功的秘诀"吧！

18 学以致用的能力

知识是人类进步的工具。我们要发挥主观能动性,做知识的主人,而不要被知识束缚,成为知识的奴隶。

从小到大,我几乎没有得到过像样的学习机会。刚满九岁的我,还是小学四年级的学生,就辍学来到大阪的商店做学徒,连小学也没上完。这当然是出于无奈,我想上学的愿望其实比任何人都要强烈。

直到现在,我还清楚地记得,在我学徒的那家商店对面,住着一个和我年纪相仿的孩子。每天早晨,当我打扫店铺的时候,他便穿着校服,背着书包出门了。望着他的背影,心里甭提有多羡慕了。多么希望自己也能去学校念书啊。但是,拮据的家庭条件不允许我有这样的机会。

回过头来想想,正是这种对知识的饥渴给了我成长的力量。

记得当时我独立创业,公司的员工人数不断增加。在我眼里,他们都特别了不起。我自己没上过几天学,没有什么学识。相反,员工们都是从正规学校毕业的,个个都是有知识的人。我觉得他们比我优秀,值得我尊敬。

我愿意真诚地听取员工的意见。员工也没有辜负我对他们的期待，把聪明才智和所有的力量都奉献给了公司。公司发展不是我个人的力量，而是集体的智慧汇聚成了巨大的合力，这股力量才是公司发展壮大的主要原因。

当然，我并不想否定知识的重要性。毫无疑问，知识是十分重要的。正是无数先人对学问的孜孜以求，才有了人类社会的进步和发展。将来，知识还会变得越来越重要。

在人们对知识越来越重视的今天，更要防止教条主义，避免被知识牵着鼻子走。因为知识重要，就死读书，读死书，以为没有知识就寸步难行，这是一种误解。其实，有知识固然好，没有知识也无伤大雅，没有知识自然有没有知识的活法。我们需要以一种更加达观、灵活的态度去对待知识。

我总觉得周围有不少人似乎忘记了这个道理，盲目信仰书本知识，本本主义和教条主义盛行。

书本以及书本传授给我们的知识，充其量不过是我们生存的工具。使用得当，能为我们服务。使用不当，就会造成巨大的损失。有时，死读书也会误人子弟。

我们须牢记：书本知识不过是工具而已，人们应该提高驾驭知识的本领，做到活学活用，而不能成为知识的奴隶。可惜的是，很多人并不懂得这个道理。

当今社会，高学历人才越来越普遍。学历越高，就越是要提防教条主义，越是要提高学以致用的本领。

19　与疾病为友

如果惧怕疾病，一心想赶走它，疾病会缠着你不放。如果你愿意与它和睦相处，想要亲近它，疾病反而自己溜走了。

健康，无论对工作，还是对其他任何事情，都十分重要。健康是千金难买的珍宝，也是每个人应该倍加珍惜的宝贵财产。但是，现实往往事与愿违，我们周围有一些人失去了健康，整日与病床为友。

我想对他们说：疾病固然让人感到惶恐，但是不要逃避它。如果细心体会疾病的"脾气"，与疾病友好相处，它最终一定会发给你一张"毕业证书"。我能够幸运地活到九十岁，跟这样的心态也应该不无关系吧。

二十岁那年，我在一家电灯公司上班。那年夏天，我洗完海水浴回家，随口吐了一口痰，里面竟然带着血。于是，向公司请假去看病。医生说："你得了肺尖炎，需要回乡下老家休养半年。"可是，我的父母已经过世，回到老家也无处可去呀。况且，当时实行日薪制，还没有普及保险制度，一天不上班，生计就成了问题。

心里虽然觉得很无奈，但这一切都是命中注定的。既然得了病，就只能尽量好好休息。于是，一边工作，一边调养身体，工作三天，休息一天，工作一周，休息两天。当初，医生曾经警告我，如果不好好休养，可能连性命都会保不住。幸运的是，我的病情并没有像原先担心的那样继续恶化，而是时好时坏，起伏不定。等到二战结束以后，我竟然奇迹般地康复了，身体甚至比年轻时还要结实，而且一直活到了今天。

为什么会有这样令人意想不到的好结果呢？也许，是因为我当初并没有因为生病而怨天尤人，只是将生病当成命运的安排，无怨无悔地接受了这一事实。俗话说：是祸躲不过。如果一切都是命运的安排，与之抗争也是徒劳。只需把疾病当成命运对自己的考验，和疾病做朋友，与之和睦相处。我的身体能够渐渐好转，也许跟这样的心态不无关系！

的确，世界上没有什么比健康更加珍贵了。不过，患病并不等同于不幸。在我们的周围，有些人正是因为在生病之后，更加深切地领悟到人情世故，反而生活得更幸福了。相反，也有人因为对自己的健康盲目自信而遭遇不幸。

当疾病降临时，最重要的是保持一颗平常心，用积极乐观的心态对待它，将疾病当成对自己的一种考验，感谢疾病的到来，这才是治愈疾病的捷径。当然，这只是我个人的一点点心得体会，并非放之四海而皆准的道理。希望大家把我的经验之谈当作一种对待疾病的方法，予以参考。

20　远离烦恼

人本来是没有烦恼的，只是自己不够豁达，才平添了许多烦恼。

可以说，我们每个人每一天都会遇到一些烦恼。当然，这些烦恼有大有小，如身体不适、失恋、人际关系紧张、工作不顺心，等等。总之，各人有各人的烦恼，有人还会因此而失眠，甚至还有些不幸的人，因心情苦闷无法自拔，对人生感到绝望而走上绝路。烦恼给人们带来如此多的不幸，其根源到底在哪里呢？

当然，各人情况千差万别，不可一概而论。总体而言，这些烦恼多半是偏激、爱钻牛角尖造成的。

以我自己为例，从某种意义上来说，我属于神经质的那一类人。多年以来，曾经几度因为各种原因而陷入忧郁。每天总会碰到各种烦恼的事情。外界稍有风吹草动，内心就会变得恍惚不安，对工作失去信心。每当回想起自己曾经经历过的那些烦恼，就会发现其主要原因还是自己钻了牛角尖，思想一时没转过弯来。

当然，日常生活中难免会碰到烦恼和郁闷，幸运的是我最终总能够摆脱烦恼的阴影。否则，我的精神和身体一定会承受极大的痛苦，恐怕也不可能活到今天。所以，我们需要学会换一种角度思考问题，避免钻牛角尖，防止不安情绪持续发酵，并最终战胜不安和忧虑。

举个例子来说，当我的公司员工人数增加到五十人左右时，曾经发生过这样一件事。当时，公司全体员工都非常努力敬业，唯独有一个爱捣乱的员工。他的存在令我如芒在背，一直为是否要解雇他而犹豫不决，甚至夜里都睡不好觉。

正当自己左思右想、心烦意乱的时候，某天忽然转念一想：日本有那么多坏人，假如说做了坏事被判刑入狱的有十万人，那么那些做了坏事却没有受到惩罚的人恐怕有五六十万之多吧，他们安然无恙。也就是说，并不是每个做了坏事的人都会遭到惩罚。就算那些罪大恶极的罪犯被关进了监狱，也有很多罪过不算特别严重的人并没有遭到惩罚，活得好好的，这就是日本的现实。当时是二战之前，那时天皇在普通人眼里是十分神圣的。我想，即便有圣明的天皇陛下，有些坏人也仍然逍遥法外。连天皇都不能让坏人绝迹，我这个小小的工厂主就更加无能为力了，想要全体员工个个都诚实努力，未免太不现实了。如此一想，原先一直闷闷不乐的心情豁然开朗，轻松了许多，不再计较那个员工。从此以后，我开始用一种更加宽容的态度大胆地起用公司员工。

可以说，这样的经历还有很多。慢慢地，我学会了将自己的烦恼和纠结当成自我反省的机会，提醒自己换一个角度看问题，并从中获益很多。

我们身处一个瞬息万变的社会，要面对许多层出不穷的新生事物，很难做到无忧无虑。人因为大大小小的事情而烦恼，这很正常。但是，不能因此而沉湎于忧郁和疑虑中无法自拔。所以，每当感到烦恼和忧虑的时候，应该立即换一个考虑问题的角度，尽快摆脱烦恼。思维突破了原先的局限，坏事变好事，就找到了克服和摆脱烦恼的办法。这时，我们会发现，原先令我们烦恼的那些事情，其实会成为受益无穷的宝贵经历。所以，可以这样说，世间本没有什么烦恼，只是我们还不够豁达。常常反躬自省，自然就能远离烦恼。

21　忍耐和坚持

坚持就是胜利。只要有毅力，能坚持，就能获得一个更加有利的外部环境，抵达成功的彼岸。

世事总是不能永远如人所愿，有时即使付出了全部的努力，却还是以失败告终。碰到这样的事情，我们免不了会感到沮丧。

此时，最要紧的就是矢志不渝地继续坚持努力下去。成功不可能一蹴而就，需要付出努力和代价。只要咬定青山不放松，坚持不懈地踏实努力，一分耕耘自然会有一分收获，进而获得最后的成功。

在我二十二岁那年，开始销售自己设计发明的插座，情况却不那么令人乐观。花了四个月时间苦思冥想发明出来的插座，市场价格还不到十日元。靠这么一点微薄的收入，别说继续创业了，就连养家糊口都成问题。如果我那时早早认输，半途而废，当然就不会有今天的松下电器公司了。我觉得，既然是自己经过深思熟虑做出的决定，就绝不能轻言放弃，一心想要生产出更好的产品。所以，在艰苦的生活条件下，仍然继续埋头改进产品。眼看着年关将至，日子过得更加窘迫了。意想不到的是，天降良机，有客户前来订货，想要把我们生产插头的技术运用到电风扇的变速器中去。靠着这笔生意，我们终于渡过难关，打开了局面，企业也逐渐步入了正轨。

类似这样的经历还有很多。这些经历让我悟出一个道理，事物总是在曲折中前进，并逐渐接近成功。换句话说，即使刚起步时没有收到预期的效果，只要不放弃，肯努力，坚持和努力一定能够使外部环境发生变化，从而收获意想不到的成果。换而言之，如果自己不轻言放弃，你的坚持会感动周围的人，使他们愿意伸出援手，帮助你最终抵达成功的彼岸。

所以，一旦下定决心做某事，就不要因为一时的挫折而半途而废。偶尔遭遇失败和挫折，也要坚定信心，坚持不懈地努力下去。唯有如此，才能成就一番事业。环顾周遭的失败事例，其根本原因大多是因为半途而废，未能坚持到最后一刻。一旦今天选择了放弃，那么就永远不会有成功的明天。

虽说坚持和忍耐十分重要，但也不能一味蛮干，执迷不悟。违反了规律，任何坚持和努力都是徒劳无功的。

相反，只要是合乎情理的事情，一旦确立了目标，就只需咬紧牙关一直坚持下去。所谓的"成功"，就是"坚持到成功的那一刻"。坚持就是胜利，这是创造美好人生的一个秘诀，我们需时常牢记在心。

22 自我观察

站在第三者的角度，客观冷静地观察自己，正确评估自己的优势和长处。

开创美好人生，有一件事须谨记心头，即：要了解自己，或者说正确认识自己的特点、特长和优点。正确认识自己，就不会盲目自信，也不会轻易自卑，能够更好地发挥自己的特点和长处。自然，离成功也就不远了。

假设有一位店主人，他并不了解自己擅长什么，而且还缺少主见，做事喜欢跟风。隔壁商店装修店面，他也开始装修；其他店里生意兴隆，雇了许多店员，他也闻风而动。可是，别人的生意红红火火，他的生意却难有起色。不管别人的方法是否适合自己，一味模仿照搬，就会在模仿中迷失自我。长此以往，店铺迟早要关门打烊。

相反，如果这位店主人能够正确地认识自己，准确定位，懂得如何彰显自己的特色，生意就一定能够越做越好。注意发挥自己的特长，成功的概率就会大大增加。当然，仅仅停留在正确认识自己的层面是不够的，还要有正确的行动。否则，做生意也很难成功。

其实，想要了解自己并非易事。按理说，最了解自己的人应该非己莫属。而事实上，人们往往不是忽略了自己的优点，就是过分夸大自己的实力。

不过，不管有多难，我们都要努力地去认识自己。那么，应该如何去做呢？

要想认清自己，就要像观察他人一样观察自己，让思维跳出自己的身体，客观冷静地审视自己。我把这种方法称作"自我观察"，并经常建议周围的人也这么做。

当然，我们的思想并不可能真正离开自己的身体，这里只是打个比方，也就是让思维跳出自身的束缚和局限，客观地打量自己。这就是我所说的"自我观察"。这样做能够帮助我们更好、更准确地认识自己。

正如诗中所言，"不识庐山真面目，只缘身在此山中"。登上富士山，映入眼帘的是裸露的石块和岩石，并看不到它壮观的全貌。下山之后，从远处遥望，反而能看清富士山的模样。想要认识自己，也是如此。

在实际的生活当中，我们常常会无意识地用这种方法审视自己。例如，当和别人激烈辩论或埋头专心工作时，有时会猛然醒悟过来，回头反思自己的所作所为。这就是用第三者的眼光观察自己的结果。其实，有意识地进行自我观察是十分重要的。

经常进行"自我观察"，即使做不到百分之百了解自己，也能最大限度地正确认识自己的特点和擅长的领域，从而找到适合自己施展才能的舞台，真正打开成功之门。

23　万物皆有用

存在即合理，世间万物对我们人类的生活都有其存在的价值。所以，我们应该将每一件物品的价值发挥到极致。

当今社会，科学技术的发展日新月异，从前连做梦都不敢想象的新发明层出不穷。人类应该更加充分地发挥聪明才智，用好每一件物品，这是时代赋予我们的使命。否则，科学的进步、文明的发展就失去了意义。

在我看来，除了人类自身发明的东西，世界万物都有它们存在的价值，为人类的生活发挥着特有的作用。可以说，世界上没有一件毫无价值的东西。

不过，到目前为止，我们人类并未做到物尽其用。碰到一些暂时派不上用场的东西，觉得它们碍手碍脚，常常将其"一扔了之"。其实，随着科学知识的进步，很多目前看似毫无用处的东西将来可能变废为宝。事实上，人类的历史就是一个逐渐学会利用自然界各种生物或物品的过程。

例如，"霉菌"曾经一度被认为是有害的物质。如今，它已被广泛应用于生产药品盘尼西林，用来治病救人。此外，随着时代的进步，原先在人们眼里不过是黑色石头和黑色液体的煤炭和石油，相继作为重要能源被广泛使用，石油也成为各种化学制品的原料，如药品和塑料等。这些都是人类科学进步、知识水平提升的一个例证。

同样，现在我们不屑一顾的东西，也许会在不久的将来为人类造福。充分认识到"世界万物皆有用"，让更多的事物做到物尽其用，这是人类的重大使命之一，也是科技进步、知识进步的意义之所在吧！

遗憾的是，这一观念在人们心目当中变得越来越淡薄，越来越无足轻重。一些花费了许多精力创造出来的新发明，哪怕只出现一点点的瑕疵，就可能会被全盘否定。殊不知，这些产品即使有万分之一的缺陷，其余万分之九千九百九十九都还是值得肯定的。只要对这万分之一的瑕疵进行改良，这项新发明就可以继续为人类服务。然而，在实际生活当中，只要出现万分之一的缺陷，好端端的发明可能从此就被打入冷宫，实在令人感到惋惜。

我们要努力地不断提高知识素养，开动脑筋，真正利用好每一样东西。这也是我们人类的责任之一吧！

24　物尽其用

正确认识每件事物的价值，为它们创造体现其自身价值的机会。这才是善用每件事物的应有之道。

世界上的每一件事物对人类的生活都是有用的。为此，我们应该努力让它们物尽其用。

那么，如何才能做到物尽其用呢？其中是否有什么秘诀呢？

说起这个话题，我想起了一个关于坂田三吉的有趣的故事。坂田三吉可以说是日本家喻户晓的人物，明治初年出生于大阪的堺市。读书不多的他，靠自学成了日本象棋的八段棋手，是一代象棋名家。坂田三吉去世以后，还被追授为名人①、王将等称号，获得了许多荣誉。

电视剧《王将》讲述了坂田三吉的一生，剧中有个镜头可谓意味深长：主人公指着棋盘上一颗看似废棋的"马"，说道：这匹马正在伤心流泪呢！这句台词令我不禁感叹：名人果然出言不凡！

众所周知，下象棋的时候，棋手要按照一定的规则，调动棋盘上所有的棋子，将对方的"帅（将）"置于死地。棋手必须要熟知每一颗棋子的特点和优势，最大限度地发挥它

---

① "名人"是日本象棋界授予棋手的荣誉称号。

们的作用，才能赢得棋局。只有这样，才能下好象棋，有资格成为象棋名人。

坂田三吉作为一代象棋名家，自然也会在每次对局中费尽心机，调动每一颗棋子。在他的眼里，棋盘上的棋子都是有思想、有感情的活物，所以他能够听到"马"悲切地向自己诉说衷肠，看到"马"因为没有用武之地而伤心哭泣。我想，只有绞尽脑汁想要盘活这颗"马"的坂田三吉，才能脱口说出"马伤心流泪了"这样的话吧。

我是个仅仅对棋子的走法略知一二的象棋门外汉，妄自揣摩象棋名家坂田三吉的想法，未免有些失敬。不过，根据我的经验，这样的推测也未必毫无道理。棋子不会开口讲话，坂田三吉却对它们情真意切。我们是否应该用坂田三吉对待棋子的态度，去对待周遭的一切呢？

之所以这么说，是因为我在工作时，曾经不止一次地感觉到，那些刚刚研制出的试验品好像能够与我对话，向我诉说着什么。只有在全神贯注投入工作时，才能听到不会说话的产品向自己诉说心声。这些试验品，在经过改造之后，绝大多数都能成为热销商品。

世上万物都如同棋盘上的棋子，有着其独特的价值，准备随时为人类服务。我们的任务就是正确认识它们的价值，既不夸大，也不轻视，给予它们与其价值相称的待遇，真正做到物尽其用。只有这样，我们的生活才能变得更加美好。

为了不让任何一件物品像棋盘上的那颗"马"一样伤心哭泣，我们应该学习坂田三吉，真心诚意地对待它们，做到物尽其用。

25 年龄与气质

不同年纪的人有着不同的气质和风格。大家要尊重彼此的长处，发挥各人的特点。

自从过了六十岁，就时常感到莫名的疲劳，体力也逐渐跟不上了。从那时起，我就开始告诫自己，尽管不愿服老，毕竟岁月无情，年纪不饶人啊。

身体的变化让我开始思考这样一个问题：人老了之后，会出现哪些变化呢？首先是体力方面。十岁到三十岁，是人一生中体力最充沛的年纪。大约从三十岁开始，体力就开始走下坡路了。当然，这只是我个人的经验之谈，并没有什么严格的科学依据。例如，相扑选手如果三十岁之前不能登上横纲的宝座，恐怕以后希望就更加渺茫了。即使年轻时获得过横纲的头衔，三十岁以后也很难继续保住以前的霸主地位。所以说，人的体力一般在三十岁左右达到顶峰。

再说智力方面。根据我个人的经验，三十岁还不是智力的高峰期。那么智力的高峰期一般出现在什么时候呢？大概在四十岁左右吧。当然，我这里所说的是总体情况，各人多少有些差异，还会有部分特例。大多数人在四十岁左右时，智力开始衰退。

年过三十，体力开始下降，过了四十岁，智力也不如从前了。但这并不意味着人过了四十岁以后，就无法胜任原来的职位，不能一如既往地干好工作了。相反，很多人正是在四十岁以后才获得提拔，在事业上取得了更大的成功。那么，原因何在呢？这大概跟我们的社会结构有关吧。一个经验丰富的前辈，会得到包括年轻人在内的许多人的支持和尊重，被大家推举到更高的职务上，或被委以更为重要的责任。

事实上，很多人在五六十岁以后，还从事着相当重要的脑力劳动，创造出许多科学技术成果。当然，这些成果的取得，一定也离不开年轻人的支持和配合。一个上了年纪的光杆司令，无论是在智力还是在体力的天平上，都会输给三四十岁的年轻人。

我们应该清楚地知道，人生的舞台并不是相扑竞技场，不可能像相扑选手那样，全凭个人实力决定输赢。这就是充满变数和趣味无穷的人生。

例如，一个人到了五六十岁的年纪，还能胜任公司总裁的工作，绝非凭他一己之力。一方面是因为他得到了年轻人的支持和配合，另一方面与他自身的努力和丰富的经验有关。

另外，三四十岁的年轻人想要施展自己的才华，也要靠前辈们的悉心指导和传授经验。年轻人须懂得自己将来也会变老，也许有一天会处于和现在的前辈们同样的位置，所以，应该虚心求教。

不同年龄的人，有不同的优势，有的经验丰富，有的智力成熟，有的体力充沛。年轻人和年长者都应该尊重彼此的差异，发挥自己的特长，共同创造一个充满活力的社会。

26 女性与职业

男女性别不同，彼此的特点和角色分工也不同。我们应该正确认识这种性别差异，完成好自己的社会分工，这才是真正的男女平等。

与从前相比，如今职业女性的人数迅速增加，这是一件非常有意义的好事。

我认为，真正的平等并不仅仅局限于"男女平等"，而应是"人人平等"。所谓"平等"，是指上天对每一个人都是平等的，每个人都拥有独特的天分和特质，人人拥有与生俱来的才能。但是，这并不意味着每个人都拥有同样的天赋与才能。所以，"男女平等"并不是说男性和女性完全没有任何差别，也并不意味着二者可以胜任同样的工作，而是提倡为男性和女性创造一个可以平等发挥自身才能的环境。

男性和女性在社会分工和性别特点方面存在着先天的差异，这种差异体现在人类的生活方式上。

一夫一妻的家庭是人类社会最为普遍的生活方式。我们周围的大多数人，无论是男性还是女性，一般不独自生活，而是选择与异性结成夫妻，共同组建家庭。当然，也有少部分例外，一些人愿意一辈子单身。

结婚之后，女方承担起生儿育女的重担，男性则相应地承担着其他义务，也就是所谓的"男主外，女主内"的模式。男性在外打拼，女性在家操持家务，夫妻同心协力，构筑起稳定的家庭。稳定和谐的家庭是支撑整个社会稳定发展的一个重要条件。

从前，日本人尊崇"男尊女卑"的老观念，认为男人出门劳动，女人却足不出户，因而瞧不起女性。这种思想显然是错误的。外出工作和操持家务同样都是劳动，是平等的，不存在高低贵贱之分。

有人认为，男性能做的工作，女性同样也能做好，男女双方可以完成同样的工作，这种想法有一定的道理。不过，在现实生活中，女性承担着分娩和哺育儿女两项重要的责任，这是男性无法替代的。要求女性与男性承担同样的工作压力，未免有些强人所难。男性和女性的角色分工原本就有所不同，这种分工是平等的，都值得尊重，这应该是一个十分自然而浅显的道理。如果大家都懂得这个道理，做好自己分内的事情，就一定能够生活得幸福而快乐。

女性应当拥有与男性相同的工作权利，这是毋庸置疑的。

职业女性的增加有益于社会发展。随着社会进步和工作岗位的多元化，还会涌现出越来越多适合女性的工作岗位，有些岗位甚至只有女性才能胜任。这些岗位的出现，不仅让女性有了施展才华的舞台，对整个社会的发展也十分有益。此外，女性在婚前工作一段时间，可以加深对社会的了解，这未尝不是一件好事。将来，更多的女性将会进入社会，拥有一份属于自己的职业，这是值得欢迎的。当然，女性也需要正确认识自身的特点，找到适合自己的工作。

此外，全社会还应该高度评价女性在守护家庭方面的重要作用，给予她们应有的肯定，这是大力促进女性就业的前提。唯有如此，才算得上真正意义上的男女平等吧！

27　父母的责任

父母是孩子最好的榜样。身为父母，应该以身作则，树立正确的人生观，认真地对待生活。

记得以前听人说过"生儿容易养儿难"。虽然已经记不清这句话的出处了，但是这个道理我深为赞同。作为父母，最难的事情莫过于教育和管教孩子了。

常言道："三岁看老。""小树不修不成材。"想要将孩子培养成材，必须从小严格要求，使其明白事理。正确的人生观和价格观并不是自然而然形成的，需要正确的教育和引导。大家应该都听说过狼孩的故事吧？有个少女从小在狼群中长大，等她长大成人之后，只能像狼一样嚎叫，无法回归正常的人类社会。无论一个人多么伟大，其幼年时期所受的教育对他的一生都会产生十分重要的影响。

全社会的每一个成年人都应该自觉地为孩子们的成长树立正确的榜样。而父母与孩子接触最多，距离最近，承担的责任也最大，教育子女对父母而言责无旁贷。当然，教育子女并不是一件容易的事情。也许正是因为这个原因，从前有很多生意人将自己的孩子寄养在一个知书达理的人家，让孩子从小接受良好的教育。

我自己也是一个父亲，教育子女是我应该承担的义务之一。回首往事，坦白说，我一心埋头工作，忙于事业，孩子的教育全部落在了妻子身上。所以，对于如何教育孩子，我是没有发言权的。在这里，只想谈一点我认为十分重要的事：父母应该从自身做起，树立正确的人生观和世界观。

一点一点地告诉孩子哪些事情可以做，哪些事情不能做，固然十分重要。但是，身教胜于言传，父母是孩子最好的榜样。父母的责任意识会在无形中化为自身的自觉行动，这就是对孩子无声的教育。有些父母对孩子的要求十分严格，自己却不能以身作则。这样做当然比放任自流要强，但实际效果却还是要画上一个大大的问号。身为父母，要有积极向上的是非观、人生观和世界观。这是为人父母的义务和责任。

有人会问，父母双方谁对孩子的影响更大？我认为应该还是父亲吧。现在，有不少父亲同我一样，因为忙于工作，陪伴孩子的时间变少了。即便如此，如果父亲为人正直，坚毅沉稳，那么母亲也必定会受其影响，严格要求孩子。相反，如果父亲缺乏主见，母亲就会感情用事，容易本能地溺爱孩子。我并不否认母爱的崇高与伟大，但是仅仅依靠母爱还教育不出优秀的孩子，孩子的成长需要父母适当的引导。

古往今来，许多人并没有一以贯之的明确的人生观，不少为人父母者也在生活在迷失了自我。这也许正是当今青少年教育所遭遇的许多问题的根源所在吧！

在这个价值观多元化的社会，每个人都应当树立起属于自己的人生观。与此同时，父母自身应坚持自己的价值观和人生观，不懈地追求，这既是教育孩子、感化孩子的第一步，也是父母自身走好人生之路的新起点。

28 活出精彩人生

人生中的每一个瞬间都是独一无二的，一个个精彩的瞬间汇聚成整个充盈的人生，使人永远充满活力。

十多年前，我有幸见到了雕刻家平栉田中先生。

平栉先生出生于明治五年（1872年），他是跨越了明治、大正及昭和三个时期的日本木雕界首屈一指的大师。我第一次见到平栉先生时，他已经将近百岁了，当时的我大概七十五岁。平栉先生对我说："松下先生，六七十岁还嫩着呢，男人活到百岁才算得上正当年。我还有很多事情要做呢！"在一般人看来，当时的平栉先生和我，都已经到了应该急流勇退、颐养天年的年纪。听了平栉先生这番话，我既感意外，又觉佩服，不禁暗暗感叹：这位老人其实有着一颗年轻的心。后来听说，平栉先生有一句口头禅常常挂在嘴边：现在不做更待何时，我不去做更待何人。

数年之后，在平栉先生百岁华诞之际，我又偶然听说，平栉先生居然在自家院子里囤放了足够五十年之用的木料，用于创作木雕作品。

与平栉先生初次见面时，他给我留下的印象是"心态年轻"。这次，听说年过百岁的他仍然为自己储存了够用五十年的木料，这让我再次感受到他那强烈的创作欲望。看来"百岁的男人正当年"可不是嘴上说说而已。他心里有那种深深的使命感，支撑着他继续创作五十年。那些能够用上五十年的木料，让我看到了他坚定的信念和强烈的创作热情。百岁老人平栉先生仍然坚持创作不辍。

在一百〇二岁时，平栉先生曾写道：

"我还有一些没有完成的作品，完成它们是我的使命，所以必须争取活得更久一些。接下来，还有五六件必须完成的作品，或者至少也有四件吧。除了这四件作品之外，最近还正在构思另外一件作品。已经足足花了四年功夫，却还迟迟未能成形，心里真不是滋味，深感自己功力尚浅。时至今日，真后悔自己在入门之初，没有把自己所见所思都用木头雕刻出来，哪怕花上五年或十年时间也值得，毕竟这样做能够打下更坚实的基本功。遗憾的是，我走了捷径，偷懒了。"

读完文章，我心潮澎湃，受到了莫大的鼓舞。平栉先生比我年长二十二岁，年过百岁仍然保持着如此充沛的创作热情，谦虚地反省自己修行不足，为追求木雕艺术的极致而上下求索。短文的字里行间，闪动着他对艺术孜孜以求的精神和态度。

遗憾的是，平栉先生在他即将迎来一百〇八岁生日之际，于1979年10月2日离开了人世，留下了尚未用完的雕刻木料。尽管木料没有用完，但是当平栉先生怀着对工作的巨大热情和强烈愿望走到人生的终点，他为艺术创作付出了所有的精力，没有留下任何遗憾。

细想起来，百岁老人平栉先生之所以能够始终保持年轻的心态和不可遏制的创作欲望，是因为他珍惜生命中的每一秒钟，时刻都在提醒自己：现在不做更待何时，自己不做更待何人！

谁也无法预知自己的生命将在何时走到终点。每个人都希望生命中的每个瞬间都活得精彩而有意义。而在实际生活当中，将这份美好的愿望化为现实并非易事，这个道理知易行难。正因为如此，平栉先生的榜样愈发显得难能可贵，同时也给了我们巨大的鼓舞和信心。

29　人生的价值

工作是人生重要的组成部分。在工作中发现人生的价值，就找到了开启幸福人生的钥匙。

人生在世，谁都希望实现自我价值。碌碌无为，虚度时光，是不可能获得真正的幸福的。那么，怎样才能找到人生的意义，实现自我价值呢？在现实生活中，不同的人给出了不同的答案。有些人将兴趣爱好和体育运动作为生活的意义，有些人则在家庭生活和孩子的成长中找到了自我价值，另外一些人则把挣钱、美食视作人生的意义。

可以说，每个人对"人生价值"都有着不同的解读，这完全可以理解。其实，我自己对"人生价值"的理解也是随着人生阅历的不断累积而不断变化着的。

我九岁来到大阪学徒，做了几年童工。初到大阪，每天晚上都因为思念母亲而流泪，泪水沾湿了枕头。等到慢慢习惯了学徒生活，我开始憧憬早日成为领班。那时的我没日没夜、不知疲倦地埋头干活，向往着有一天自己能带着五六个学徒，干出一番成绩来。

当时，还很少有人谈论什么"人生价值"，加之我年纪太小，对人生没有太多深入的思考。现在回想起来，当时的我怀揣着小小的目标，全身心地工作，从中得到了某种满足。这种满足感逐渐演变成了我的"人生价值"。

后来，我成了电灯公司的一名装配工。作为一名技术工人，一心想练就一手过硬的真本领，希望凭借出众的技术赢得大家的尊重。为了实现这个愿望，我刻苦钻研各种技术难点，常常夜以继日地一直工作到深夜，在工作中体味到成功的巨大喜悦。

二十二岁那年，创办了一家规模很小的企业，从事电器生产。直到今天我还清楚地记得，在闷热的夏夜，我终于完成了一天的工作，钻进浴桶匆匆洗了个澡，沉浸在无与伦比的充实感当中，暗暗对自己说："好样的，今天又没白过！"

后来，企业越做越大，我感到公司应该为丰富人们的物质文化生活、为社会的发展进步做出应有的贡献，实现了这些目标，就实现了自己的人生价值。

所以，人在不同时期，有着不同的人生追求和对人生价值的不同理解，这实属正常。

世界上，也有一些人终其一生只专注于一个人生目标，以哲学家和艺术家居多。这种精神固然令人敬佩，但是对普通人来说却是不可行的。大多数人和我一样，在人生的不同阶段，有不同的人生追求，一个目标实现之后，又开始为下一个目标努力。这也是很有意义的。

在这里，我想着重谈谈自己对于工作的认识。在漫长的人生当中，工作占据了大量的时间，同时也是家庭的重要经济来源，是人生中十分重要的一部分。因此，从这个意义上来说，尽管人可以从其他方面发现自己的人生价值，但是，能否在工作中体现人生价值，或许才是决定人生幸福与否的关键所在。

所以说，享受兴趣爱好和家庭生活所带来的乐趣，可以使生活丰富多彩，这些都很重要。另一方面，热爱工作，并感受工作所带来的乐趣，才是人生价值最重要的体现。工作不能够体现一个人所有的价值，但至少它是人生价值一个重要的方面。因为，工作的乐趣和成就感有助于我们拥有一个更加充盈而幸福的人生。

30 人生的意义和目标

　　人生就是从事生产和消费的过程。如果我们每天都能在物质和精神方面从事有益的生产和消费，就能拥有一个充实的人生。

　　人生只有一次，弥足珍贵，当下的每一个瞬间都只属于我们自己。人生之路是一条无法回头重走的单行线，全靠自己一步一个脚印走下去。人生只有一次，因而每个人都由衷地希望自己活得精彩而有意义。想要实现这个愿望，首先要正确理解"人生是什么"这个命题。对这个问题理解得越清晰、越正确，就越能够获得充沛的动力，寻找到合适的方法。

　　人生，从一般意义上来讲，就是指从出生到死亡的整个过程。从小的方面来说，是日复一日、分分秒秒的日常生活的不断累积。所以，只要我们对现实生活的自然状态进行细致的观察，就能理解"人生是什么"。

　　经过一系列的观察，我对人生有了自己的诠释——归根到底，人的一生就是从事生产和消费的过程。

　　通常，生产和消费都属于经济活动范畴。我这里所说的

"生产"和"消费"并不是单纯的物质生产和消费，还包括人心理和精神层面的活动，是一个广义的概念。物质和精神两个方面的生产和消费活动，既是人类日常生活的根本内容，同时也涵盖了人类生活的方方面面。

三十年过去了，我的观点仍然没有丝毫改变：人的整个一生就是生产和消费的过程，除此之外无他。

我们每天生产创造各种物资，也消费各种物资。在从事物质生产和消费的同时，我们的精神世界也一直处于活动当中。在生产制造某件物品时，首先要思考生产什么，如何生产，然后再设计生产的流程。这些都属于精神层面的生产活动。此外，在使用和消费某件物品时，我们会估算其价值，享受其给生活所带来的便利和乐趣，这也属于精神层面的消费活动。由此可见，人类的日常生活无非就是物质和精神两方面的生产和消费活动，而人的一生就是这种日常生活的不断累积。

如果我们每天都以积极的态度对待自己的生活和工作，如政治家从事政治活动、教育者从事教学活动时，都能够进行有益的物质生产和消费以及精神层面的生产和消费，争取每天都能有所进步，就一定能够创造一个更加美好、更加有意义的人生。

　　每个个体付出的努力和实践，不但能够为自己开创一条幸福无悔的人生路，而且还能推动整个社会的发展和进步。

　　人生的意义和目标并不是什么高深难懂的哲学概念，它们与我们的日常生活息息相关。正如上文所说的那样，人们在日常活动中，从事物质、精神两个层面的生产和消费。当这种生产和消费成为一种有意义、有益的过程时，它同时也就成为开启美好人生的过程。

　　至少，对我本人来讲，思考如何更好地进行生产和消费，会让我的每一天都过得异常充实。

31　尽人事，终天年

怀着希望和勇气，认真过好上天赐给我们的每一天，努力走好人生的旅程。

我天生身体羸弱。二十岁那年，在电灯公司上班的我患上了肺尖炎。后来自己创业，身体时好时坏，成了医院的常客。按照当时的身体状况，我怎么也不会想到自己居然能活到九十岁。在战争年代和战争刚刚结束那几年，我不得不废寝忘食地劳作，渐渐地生病的时间越来越少，身体意外地变得强壮起来。就这样，一路走过来。今天的我依然保持着健康的身体，继续在工作岗位上为企业服务。有幸能够活到今天，也算是命运的安排吧。为此，我由衷地感谢上天的眷顾。

记得大约三十年前，我五十多岁的时候，在朋友们的怂恿下，我跟着他们去找占卜先生算命。当时，战争刚刚结束，社会秩序渐渐稳定下来，但国内的形势依然严峻。我有心重整旗鼓大干一番，却囿于美国占领军的各种制约，难以如愿，烦恼也接踵而至。日本有句俗语——说得准的是八卦，说不准的也是八卦。于是，我就跟着朋友们一起去拜访了三位算命先生。

第一位占卜师端详着我的手相，立刻十分肯定地说："你会长寿，一定会长寿！"第二位也明确告诉我："你可不是那种只能活七八十岁的人啊！"最后一位也说："我还是第一次看到像你这样的手相，这可是老寿星的手相啊！"三个人都不约而同地预言：我一定会长寿的。

虽然当时的我身体比年轻时健壮了不少，但算命先生的话还是让我大感意外。面对这样的预言，我吃惊的成分远远大于高兴的成分。听说自己能够长寿，当然是件令人高兴的事，同时也令我难以置信。

当时，和我同去的几个朋友也请算命先生给自己算一卦。算命先生都向他们提了一些需要注意的事项，还拿他们的手相跟我的比较："你的手相这里和松下先生不一样，""你这里的纹路没有松下先生的顺。"

令人吃惊的是，当时同去的朋友都先后离开了人世。我原本并不相信算卦，但每次听到朋友去世的消息，心底都禁不住泛起一种十分复杂的心情，对算命先生的话又增添了一分信任。这件事让我意识到，自己之所以能够长寿，完全是老天爷的眷顾，心里充满了感恩之情。

每个人的寿命长短不受人的意志控制，谁也无法预测自己能活多久。所以，寿命也被称为"天寿"。但是，这并不意味着人的寿命完全掌握在上天手中。自身努力也能对寿命的长短产生一定的影响。所以，寿命当中也有一部分属于"人寿"或"人命"。

在谈到"命运"的时候，我也曾经说过，我们人生中的百分之八九十都取决于上天的安排。如果我们尽了力，就能影响到剩余的百分之十至百分之二十的这部分，使自己的人生变得更美好、更精彩。关于寿命，也同样如此。也就是说，人的寿命百分之八九十都是命中注定的，是所谓"天寿"。剩下的百分之一二十是"人寿"，这部分寿命会因为人自身的因素而延长或缩短。

那么，人类的自然寿命应该有多长呢？关于这个问题，我访问中国时，有位中国朋友告诉我：人的自然寿命应该是一百六十岁，八十岁相当于一百六十岁的一半，所以也被称为"半寿"。此外，曾经有科普书介绍说：如果排除各种损害人体健康的因素，人类的寿命应该可以达到一百五十岁至两百岁。而日本的长寿纪录则是由一位一百二十四岁的男性保持着。

所以，在感恩命运青睐的同时，我也暗下决心要通过自身的努力活得更久。到底自己能朝这个目标走多远，不得而知。正因为如此，才会全力以赴、满怀着希望和勇气走下去。这条路，也许正是我的使命所在吧。

下篇

感悟随笔

几年前，应广大读者要求，我在月刊杂志《PHP》每期封底上连载的杂文被汇编成册，取名《开拓道路》出版。不想受到多方抬爱，畅销350余万册。之后，又有人建议我将同在《PHP》上连载的《感悟随笔》也汇总成书。于是，在对249篇杂文润色修饰后，便有了读者面前的这本小书。

正如书名所言，本书内容不过都是本人其时其刻所思所想内容的记述，然而每一篇文章，都或多或少带有本人发自内心的祈愿天下人幸福之意。与上本书一样，如果读者能从中获得哪怕一丝的参考，我也将深感欣慰。

松下幸之助
1971年1月

32 锻造心灵

发挥主观热情

往日，人们即便拥有好好学习一下的欲望，能够满足其需求的场所也极为匮乏。不过，也有不少人克服种种艰难险阻，自主钻研，有了杰出的发明创造。

例如，被称为发明之王的爱迪生便是其中之一。他没有师从任何人，却通过对各种事物的细致观察，从中发现了自己的老师，可以说"以心待事物，万物皆吾师"。

今天的我们，也是从中受益良多。只要想学，机会就不难得到。剩下的就是每个人的意志问题了。

愉快地听取

自己不容易主动意识到自己的缺点。就算意识到了，主动改正也是难上加难。不过，如果有人反复给你指出，提醒你注意，你就有可能意识到自己的不足，并不断地加以改正。然而，能否接受别人对你的提醒，取决于你的态度或者心理准备。别人指出你缺点时，如果你勃然大怒或者不屑一顾，别人就不会再当面向你提出，而只会背地里议论了。这样一来，对你的进步和成长毫无裨益。

面对别人的善意提醒，每个人都应该愉快地听取。这一点虽然有难度，还是希望大家能够做到。

只有心灵成长了

一旦某个时期来临，身体的成长便会停止。然而，只要做个有心人，人心灵的成长就不会停止。

从心灵层面来看，人无论多年轻，如果精神上萎靡不振，就无异于陈腐老朽；相反，人就算上了年纪，只要每天潜心钻研，认真思考，具备丰富的判断力，心中充满希望，保持高度热情，就可以永葆年轻，不断成长。

可以说，只有这样的心灵成长，才是一个人真正的成长。

畅通无阻的自在感

企图以一种思想统领一切，必然适得其反。所以，对我们而言，重要的是摄取多种思想，最终形成自己的观点。不为一种事物所束缚，而是把所有的事物完满调和在一起，希望大家都能拥有这种畅通无阻的自在感。

像水库一样

相传释迦牟尼"因人传教"。面对不同的对象变换传教的内容，如果没有相当的知识、阅历和经验，是难以做到的。

我们凡夫俗子尽管达不到佛祖的程度，不过，我们尽自己所能，在日常生活中做到如水库蓄水般不断积累知识与阅历，陶冶心灵，不也是非常重要的吗？

自问自答

处世之道各有不同。在我看来，"不停地自问自答"非常重要。

　　无论做什么，如果自身不具备与其相适应的能力，一定一事无成。因此，要能够看透自己，反复自问自答，在掌握相应能力的基础上，以一种稳妥的方式去推进工作。

　　只有这样，才能减少失败，找到适合自己的前进步调。

事物的价值

　　看到一张纸，有人觉得世上不会有第二张与它完全一样的纸，从而对它倍加珍惜；有人觉得世上同样的纸数不胜数，从而对其不屑一顾。相比之下，您觉得哪一种人更加值得称道呢？

　　对于相同事物不同的价值评定和认识差异，可能会改变我们的人生。希望大家牢记，这也是人生的一个重要环节。

被人误解之后

　　误解经常会有，谁都不愿意被人误解。因此，人们自然会努力消除误解。

　　不过，相较于消除误解，我认为更为重要的是反省自身。因为如果你确实是对的，那即便受到少数人的误解，也会得到多数人的理解。这就是社会。

这样看来，被人误解之后，与其不必要地焦躁不安，不如将其看作一次自我反省的良机。

自我激励

我经常对年轻人说，要带着信念和使命感去面对工作。但相比他人，其实我自己的信念和使命感并不是很强，有时候，甚至会灰心丧气、自怨自艾。

不过，尽管我确实懦弱，但还是振作精神，鼓起勇气，把我的这些弱点告诉了年轻人。可以说，这也是我强化自身信念的一个过程。信念也好，使命也罢，自始至终坚持不懈是异常困难的。在此过程中，只能不断地进行自我激励。

人的价值

仅仅追求自身利益、物欲和本能，以自我为中心的生存方式，与动物毫无二致。我认为，人不能简单地堕落为掌握知识的动物。

某种程度上，人应该具备不同场合下，控制住自己的欲望，从而为他人提供服务的能力。即便不可能事事如此，根据情况不同，某些事情还是可以做到的。我想，这就是人的价值所在吧。

重新审视

有的人，在旁人看来已是风光无限，他自己却总觉得吃了大亏。我们周围，这样的人居然还不在少数。他们本人也许是经过了极为认真的思考，才得出了这样的结论，而事实上，他们的思维方式走进了死胡同，只会通过狭隘的视角看问题。也就是说，他们的内心存在贫乏的一面。

通过不同的视角确立不同的看法，对自己的生活进行重新审视，这才是有意义之事。

丰富的内心世界

一个人为了使自己的人生丰富多彩，需要直接或者间接地与很多人合作，获取他们的帮助。也就是说，我们今天之所以能够如此生活，并不是单凭一己之力，而是得益于周围很多人的恩惠。

我们是否意识到了这些，并怀有感恩之心呢？只有做到了这一点的人，才是内心世界真正丰富的人。

瞬间的感悟

今天，我们的物质生活已经相当丰富，而我们的精神生活却未必如此。实现内心世界的丰富，绝非易事。

不过，仔细想来，创造出丰富的物质产品需要大量的精力和时间；相比之下，打开心扉，丰富心灵，瞬间的感悟足矣。这样说或许有些难以理解，不过还是希望大家能够记住：只要两颗心相互交融，一定可以立即迸发出耀眼的火花。

33 热情生活

乐观地理解

年轻人在今后的人生中一定会遇到各种各样的困难。重要的是，能否乐观地去理解遭遇到的所有困难，或者把这些困难理解为上天赐予自己的考验。

要是这样去考虑，无论遇到怎样的困难，只要无所畏惧，不断努力，就一定能从中找到对策，而困难本身也会成为自己成长道路上的宝贵财富。

年 轻

说到年轻，总会给人一种孜孜不倦追求某种事物的印象。无论是自己的工作，还是日常生活，一直追求新鲜事物，这样的想法或者态度孕育了年轻。从某种意义上说，这就是年轻的本意。

即便一个人年逾百岁，只要他心怀不断追求的想法或者态度，就不会丧失年轻。

孙悟空的金箍棒

我觉得，人心就如同孙悟空的金箍棒，可以伸缩自如，有时无限大，有时又无限小。比如，当你心怀恐惧，以悲观的态度思考问题时，你的心就会萎缩变小，本该拥有的智慧、拿出的创意，都不复存在了。

然而，即便你遇到天大的困难，只要你想着"怕什么，只要做就一定有办法"，拿出超过别人一倍的努力去应对困难，你的心自然就会变大，这颗变大了的心中就会产生杰出的创意和对策，你就有可能渡过难关。

向他人学习

一个人走出校园进入公司，如果每天只想着只要完成交代的那点工作就行了，那么，他就感受不到工作的乐趣，观察事物的视角也会受限。

那应该怎么做才好呢？首先，应该把公司看成学习做人、追求人生之道的课堂。在这个课堂里，有着各式各样的人，存在着鲜活的人生百态，应该掌握的知识数不胜数。

因此，为了向他人学习、探索人生之路，遇事要主动进取，吸收别人之长。只要拥有这样的欲望，每日生活的乐趣也会油然而生。

今日事今日毕

无论干什么工作，你都必须知道，当今世界已经进入飞速发展的时代，瞬息万变。你必须尽快行动，否则，哪怕是很出色的计划，当你还在考虑何时开始实施时，周围的环境就可能发生了逆转，机会由此丧失。

因此，今日事今日毕是必备的心理要求。

超过必要的规则

我们制定规则，为的是维护秩序，创造宜居的社会。这一点非常重要。

不过，有句话叫作"矫枉过正"。因为规则有其必要性，就大张旗鼓地制定规则，会让人感到似被五花大绑般苦不堪言。这将有可能损害人的自主性。由此，宽松自由的生活和活动将难以得到保障。

人终究只是人

想来有种倾向，我们遇事容易把人极端化，要么把人看成神，要么把人看成动物。其实，人终究只是人。

因此，我们必须客观把握人的这一本性，在此基础上，开展政治、经济、教育等一切社会活动。否则，我们将自受其扰。

站立式会议

在高速发展的当今社会中，做任何事情都离不开"高效"二字。

比如公司开会。很多人聚在一起坐下，边喝茶边海阔天空地东拉西扯。不客气地说，就在他们高谈阔论之时，周围的环境可能已经发生了天翻地覆的变化。因此，最好的办法是站着开会，速战速决。而且，由于形势瞬息万变，这种站立式会议可以根据情况，反复召开。这样的心理准备也是必要的。

欲 望

无论干什么，首先要有想干的欲望。

比如，你打算开一家荞麦面饭馆。首先，就要有做出让顾客津津乐道的美味荞麦面的欲望。下一步，应该怎么做呢？荞麦面饭馆不计其数，每家都有自己独特的风味。你可以先去大众评价较高的那家试吃，向老板虚心请教制作的诀窍，回来后自己尝试。

世间有万道，成功之道就在于成功之人的欲望。

付诸行动

无论多么宏伟美好的愿望，如果没有努力付出，最终只会以孩子气般的豪言壮语终结。相反，无论多么简单的愿望，只要鼓起勇气，下定决心，付诸行动，就一定能够实现。

当然，愿望可以定得宏伟些。不过重要的是，在实现愿望的过程中，无论多么小的步骤，都需要反复斟酌，不断努力，脚踏实地地一步一步前行。

人的微妙之处

对于并非神灵之身的人而言，十全十美毫无可能。人做事不可能十全十美。

因此，做任何事情，重要的都是要付出比别人多一倍的热情，全力以赴地去做。只要做到这一点，哪怕只完成了百分之九十，也可以满意了。剩下的不足的部分，恐怕就是只可意会不可言传的微妙之处吧。

坦率的认识

在没有任何依靠的情况下面对困难，首先要做到的是抛弃一切私心，以极大的勇气对困难产生的实情和原因进行彻底的认识和反省。否则，就无法正确把握事实。即便想要采取对策，也容易无的放矢。

因此，只有对事实进行坦率的认识，才能找到应对困难的正确方法。

以人为本

思考事物时，非常重要的一点就是能否做到以人为本或者以人为中心。比如政治，认为人为政治而存在的观点是错误的。政治永远是为了人而存在的。学问也是如此。其他，诸如教育、宗教、法律同样如此。原本所有事物都是为了人而存在的，这点切不可本末倒置。

不过，迄今为止的历史却恰恰相反。为此，经常可以看到，人反而陷进了自己所造成的不幸中。

小田原评定

对重大事项进行商讨非常重要，但商讨后必须得出结论，并根据结论将应做之事付诸实施。

要是没有结论，或者不付诸实施，纵然商讨百次，也会成为"小田原评定"^①那样浪费宝贵时间的笑柄。

不要主观臆断

"到目前为止我已试过多次了，这种方法肯定不行。"
我们身边，喜欢这样主观臆断的人不在少数。

做了多次仍然不行，言外之意，就是继续再做完全是徒
劳的。不过，有时不妨回到原点，通过纯粹的疑问、纯粹的
想法再做一次尝试。注重这样的做法，不断进行下去，说不
定就会柳暗花明，开拓出一条崭新的途径。

白糖的甜度

有句话叫作"百闻不如一见"，也可说成"百闻不如一试"。

如果不品尝，就不知道白糖的甜度；榻榻米上练游泳，
终究是纸上谈兵。由此可知，亲身体验是多么重要。

---

① 评定，日语中有商讨之意，也是日本历史上北条氏创建的一种议
事制度。约400年前，丰臣秀吉的军队迫近小田原城。城主北条氏直在城
中召集手下重臣，商讨对策。是讲和还是开战，是坚守不出还是主动出击，
氏直一直犹豫不决，任凭时间流逝，始终无法得出结论。经过三个月的攻
防战，北条军终于臣服于秀吉。"小田原评定"一词由此产生，成为迟迟
结束不了的无用会议的代名词。

进步永无止境

只要人类存续，文化的进步就不会停止。作为个体的寿命不过百年，而人类却是永恒的。只要人类存在，进步就会永无止境。

如果想到这永恒持续的进步中的某一小步将会由自己迈出，我们的人生将会充满乐趣，为迈出这庄严一步而做好充分准备的欲望也会油然而生。

改　造

对某一事物进行改造时，面面俱到几乎是不可能的。即便其中的一点改造成功，这种改造也必然会带来相应的不足。

只要对此认识充分，那么，在具体方案中，如果改造会带来三点弊、五点利，只要利大于弊，就应该果断实施。

人心的微妙

人心真的很有意思。平时，拎1贯目（约3.75千克）

的东西可能都会嫌重，而一旦碰到火灾，10贯目的东西都可以拎起来就跑。理论上1加1等于2，可对于人心而言，1加1可能等于3，也可能等于0，单纯从理论上是解释不通的。

因此，无论是政治、经济，还是教育，如果想要取得成效，就必须留意人心的复杂性与人情的微妙性。

世界与自己

今天，全球飞速发展，变化日新月异。究竟是何种力量导致这种状况出现的呢？我认为，并不存在什么特殊之力。归根到底，世界上每个国家、每一个人、每一种智慧的汇集，使得世界上发生了各种各样的事件，使得社会得以发展进步。

也就是说，我们每一个人心灵的活动，都是与世界的发展进步息息相通的；我们每天的生活、劳作的全部内容，是与世界紧密相连的。

了解到这一点，对于世界上不断发生的各种问题，我们是不是应该带着一种责任感去关注呢？

34　决定道路

单独一人

马群有个习性，喜欢跟着头马奔跑。于是，自古就有"一马疯则万马狂"的说法。然而，这一现象并不仅限于马群，人类自身的行动也会相互影响。一个人采取行动前，即便自己考虑再三，也会觉得心中无底，最终只能随大流。这种情况时有发生。这样一来，民主主义便失去了意义。

众人皆狂我独醒。做到这一点尽管非常困难，但仍然希望大家拥有这样强烈的信念和正确的判断力。只要大家团结一致，哪怕困难重重，也一定能够峰回路转。

常怀坦诚之心

遇到不顺的时候，不妨停下来安静地反思。很多情况下，不顺是由于自己执拗于某种事物，或被束缚其中。即便你自认为正确，但因为深陷其中，心胸变得狭隘，所以最终的判断也会出错。

遇事之时，人与人之间应该常怀坦诚之心。

决　心

人下定决心之后，如果没有时刻牢记，极容易半途而废。只要做出决定就万事大吉了，这种想法过于天真。要是不一遍又一遍反复提醒自己，哪怕再小的决心也无法坚持到底。

因此，在下定一个决心之后，一定要反复地咀嚼玩味，并将其体现在每日的生活和工作之中。

谋士与将军

将军听取谋士的进言后，应该对其内容进行取舍选择，做出正确的判断。谋士必须博学多才，将军则不必如此。不过，他必须具备超人的眼界。如果他只是囫囵吞枣般采纳谋士的计谋，离失败就不远了。

自古被称为名将之人，很多会倾听谋士之言，却未必按其言行事。他们会依据自身超人的眼界做出决断。

知识与智慧

近来科学技术发展日渐加快，大量方便的产品不断问世。这是人类知识水平提升的结果，值得欢迎。不过，人类知识水平提升得越高，所谓智慧，也就是对事物深度思考、判明其善恶是非的心灵活动，越是需要得到相应的提升。

正因为我们是人，更应该学会通过智慧正确地运用知识。不过现在的社会当中，智慧似乎已被知识彻底压倒。对于人类而言，拥有广博的知识非常重要。不过，拥有可以将这些知识作为服务于人类的工具加以运用的智慧，应该更加重要。

知道不足

不要把当众挨批看作一件丢脸之事。大家知道了自己的不足，今后会时时提醒自己，那样自己的错误不就越来越少了吗?

到了关键时刻

事情不顺时，愁眉不展是人之常情。不过，要是到了关键时刻，就不能再这样了。这时，需要平心静气，坐下来沉着思忖，然后果断决策，立即实施。

正确的选择唯有如此。

所谓平常

作为一个凡人，迄今我走过的是一条平凡的人生之路。我努力做到该做的事做，不该做的事不做。也就是说，我依据极为平常的判断，过着平常的生活。

不过，回首看来，所谓平常，其实蕴含着许多真理。

神仙也头疼

每当遇到重大考试的日子。为了顺利通过，大批考生和家长都会去神社祷告。从常理而言，这样的行为无可厚非。然而这么多人都来祈愿，神仙肯定不可能全部满足，想必他们也会头疼吧?

如果升学适合本人,可以选择这条路。不过,要是总想着去超出自己能力的地方,为此还要付出极大的烦心,还是不去为好。

大事小事

一件小事,可以根据得失情况做出决定,这样不会有太多差错;而一件大事,则必须站在超越利害得失的更高处做出决定,否则可能会误事。

坏　事

做一件好事,未必能得到一个好的结果。因此,必须做好心理准备,一旦出现弊害,坚决停止。

保留精华,糟粕出现时坚决停止。这对于我们的日常工作和生活来说,非常重要。

中 庸

中庸乃仁德之体现，此点我非常赞同。做事时如果偏向一方，做出的判断只能局限在所偏向的范围之内。

现实中，向左偏或者向右偏是比较简单的。而真正行走于正中间，也就是行中庸之道，却是非常不易的。要做到这一点，主要是每个人都要具备各自的见识与勇气。

如果生病了

如同人会生病一样，公司，甚至国家，有时也会受到疾病的侵袭。此时，如果是个人，吃药后就可以康复。但要是换成公司或者国家，很多情况下由于碍于世间情面，该吃的药就是不吃，也就是说，它们不想让人知道自己生病了。

但如果一直不吃药，本来一天便可痊愈的疾病，就有可能五天甚至十天都痊愈不了。因此，公司也好，国家也好，一旦意识到情况不妙，就应该抛开面子，毫不犹豫地立即开始治疗。该决断时坚决决断，这点非常重要。

模　仿

如同孩子模仿父母一样，所有人最初都是从模仿他人起步的。不仅学问如此，做事也是如此。不过，如果不单纯停留于模仿，而是将模仿到的东西消化吸收，进而形成自己的东西，就有可能另辟蹊径，自成一派。

只会模仿先生，就无法超越先生；而将先生的想法消化吸收后发扬光大，就一定能比先生更优秀。

学会放松

处事时集中精力固然非常重要，但如果精力过于集中，精神就会高度紧张，从而精神疲劳，往往会导致失败。

因此，处事时一方面必须集中精力，另一方面，要有放松的心态。即便事情进展不顺，从头再来就是了。

不拘一格

世上有一种被称为"理外之理"的东西。只要你心怀坦荡，就能逐渐明白它，因为你心中没有偏见。

然而，如果你被一种流派或者学说束缚住了手脚，你看待事物的视角就会受困，因而看不清事物的本质。这种情况不在少数。一旦受其约束，无论你拥有多么渊博的学识，你所掌握的知识都很难真正发挥作用。

一方面拥有知识，一方面不为其所困，这样才能产生强大的动力。

依靠自己

所有的动物都要为自己的生计而忙碌。燕子小的时候需要父母喂食，而一旦长大，它就必须自己去觅食。

为了生存，需要自己劳作，这是大自然赋予一切有生命之物的生存本领。

行事之前

日常生活中，事情的结局与我们的意志相反，这样的情况不在少数。究其原因，或许是因为在很多情况下，行事之前自己的准备工作并不充分。

因此，行事之前，一方面我们要充分认识自身的实力和周围环境，另一方面，还要认真倾听别人的真知灼见。这两点缺一不可。

取其精华

今天，一提到"封建性"，其涵盖的全部内容都容易遭人唾弃。然而，事实似乎未必如此。被称为封建性的东西，是在人类智慧结晶中产生的。因此，其中固然存在与时代发展不相适应的东西，但同时，也一定存在不受时代发展影响，现在仍然可以让人接受的东西。

因此，对待封建性的东西，正确的态度是不能全盘否定，而是取其精华，去其糟粕，将其逐渐改造。只有这样，才能带来令人满意的发展。

西乡隆盛的遗训

西乡隆盛曾言："有功于国者予其禄，而不能因其功予其地位。予其地位者，自需具备与得此地位相符之见识。只因功而予无见识者以地位，则必致国家于崩坏。"

此言的对象是国政，不过也适合于普通的公司和团体。

为形势所迫

预测未来，制订计划，稳步推进，是行事之常理。不过，并不是凡事皆需如此。

有时，行事也可以不制订计划，而是根据形势采取行动。人一旦为形势所迫，往往会迸发出惊人的能量。因此，为形势所迫而行事，也会别有风味。

35　相得益彰

放　手

身为领导者，要率先垂范。然而更为重要的是对部下说："这件事情交给你了，大胆去做，有什么困难告诉我。"在工作上放手，让部下充分发挥才能。

与自己做相比，可能效率不高。不过反复锻炼之后，部下一定会变得出类拔萃。从另一方面来说，部下或许还能发挥出自己所不具备的特长，完成的工作可能比自己还要出色。

调动部下的潜能，创造出一个自己无法创造的更大成果，这是领导的职责。

表与里

事物有表里，人有长处和短处。同一个人的行为也有美丑之分。

白天工作时西装革履，晚上回家后睡衣拖鞋，这是每个人的生活常态。因此，仅看表象不行，仅对表象说三道四，同样不可取。

正确的做法，是既对表象之不足有所认识，又承认表象之优点，并加以充分发挥。

他人意识

人多少会有自我意识，以自我为中心考虑得失荣辱。不过，要是人完全只想着自己，那就会引起不必要的对立和纷争，引发社会混乱。因此，需要我们都站在别人的立场上考虑问题，也就是要具有他人的意识。

如果是普通人，自我意识与他人意识之比达到五比五，就应该很好了。而作为位居人上者，他所具备的他人意识必须高于这个比例。

而且，可以说这一要求不仅适用于个人，同样适用于以公司和工会为代表的团体，乃至国家。

谦虚之心

对于位居人上者而言，发挥部下所长以人尽其才，至关重要。而要做到发现部下所长，自己首先要有一颗谦虚的心。

只有自己谦虚了，才能看到部下的闪光点，其长处也自然可见。

超过百万的价值

有句话叫作"对牛弹琴"。某种东西再怎么精美绝伦，如果不懂它的价值或者它的珍贵之处，那一切也等于零。相反，某种东西再不起眼，只要发现了它的珍贵之处，也会变得极为有力量。

可见，凡事需能发现其中的珍贵之处，拥有一颗感恩之心。这样，就能带来超过百万的价值。

当作自己的东西

我认为，当今的日本，国民之中与邻人同甘苦、与国家共患难的意识非常淡薄。尽管从舆论、道理上来说，每个人都明白我们应该敬邻爱国，但在现实生活中，人们的情感和行为仍然十分冷淡。因此，最终每个人的眼中只有自我。

这样一来，良好的社会现象就会被扼杀。这既不利己，更不利他。希望每个人都能把邻人的东西、国家的东西当作自己的东西来考虑。

寻找合适定位的行动

据说中小企业破产的不在少数。从政治学和社会学的角度来看，人们不希望出现这种现象。对于当事者而言，这更是一个非常实际的问题。因此，在政治上和经济上必须出台各种方针措施，以杜绝破产现象的发生。

不过，换角度言之，所谓破产，是否可以看成一种不同企业为寻找适合自己的职业而采取的整体性定位行动呢？这种行动就是，一种职业如果不适合自己，就马上放弃，然后再一步一步去寻找更加适合的职业。如今，每个月都有很多种新工作、新职业产生，或许就是很好的证明。

正确的主张

正确的事就要大张旗鼓加以提倡。不过，要是以此为借口，认为只要自己说的正确就可以包治百病，反而会引发别人的反感。

坚持正确的东西是必要的，而运用恰当的方式让人接受，同样非常重要。不拘泥于正确本身，而有一颗坦诚无私之心，并充分考虑时间和场合，这才是正确的选择。

有时做点无用功

人在成长过程中，需要体验各种滋味。有意义的、有利于自己的自不待言，而有时，也需体验那些被认为无用的滋味。

即便这样的体验并非为眼下的工作所迫，也一定会使自己的人生获得某种裨益。看似无用却并非无用，这实际上是一种对你有用的无用。

职业与才干

每个人身上都有各种才干，从最擅长的第一才干，到第二擅长的才干、第三擅长的才干，等等。不过，当社会尚不发达，没有太多职业的时候，未必每个人都能发挥出自己的第一才干。

伴随着宇宙开发，最具备宇宙科学才干的人浮出水面；而又一种新职业产生时，最适合那一职业的人也会随之出现。

只要新的职业如此这般不断涌现，并促使每个人工作时都能人尽其才，就一定可以形成高效、安定、繁荣的社会。

为部下服务

作为一个手下有兵的人，他的心里如果只想着"使唤他人"，很难充分调动大家的积极性。

与部下同甘共苦，进而具备"我是服务于部下的"这样的自主意识，才是非常重要的。如果能把这种意识坚持到底，则将万事无忧。

无缘之众生

释迦牟尼曾说"难度无缘之众生"，意思是听不进人言的人无可救药。

提醒别人注意时，如果说一遍对方没有听懂，就再说两遍、三遍。如果说了四遍还是没有听懂，那么稍歇片刻，再说上一两遍。要是又重复三遍之后依然无果，就不要再为之担忧了，这时需要的是果断放弃。释迦牟尼都做不到的事情，身为凡人的我们更难做到。

感恩与恐惧

不知感恩与恐惧者，非人也，与动物无异。个人也好，团体也罢，如果不知道感恩与恐惧，必然会导致对自身力量的过度自信，最终将一切诉诸权力乃至暴力。例如当年的日本军部，还有希特勒政权，可以说他们就是因为不知道这一点，才挑起了那场悲惨的战争。

常怀感恩与恐惧之心，在不断的自我反省中前行。这是我们应该具备的谦虚态度。

相互赞誉

无论何人，听到赞美之词都会心情舒畅，进而产生再做好事的意愿。人际来往中交织着赞誉之辞，这个社会也将变得开放宜居。

相对于互相指责、诽谤，让我们发扬相互赞誉之风，快乐地过好每一天。

谦虚的自豪

每个人都要拥有自豪之心。不过，这种自豪必须是谦虚的自豪。否则，一味唯我独尊，只会看人不顺眼，轻视别人。这样既不利于自身的成长，也会引起不必要的纠纷。

欲望与失败

做事时重要的是有欲望。没有欲望既不能进步，也不会成功。不过，要是欲望过强，其导致的结果相较于成功，更多的可能是失败、没落。历史上的拿破仑和希特勒就是极好的例证。

因此，提高欲望的同时，更为重要的，是要拥有谦虚的态度，坦诚地自我反省。没有欲望就无法成功，而没有谦虚、坦诚、反省与之相伴的欲望，只会把你引向失败之路。

和睦相亲

如果谈到迄今为止的人类历史上充斥着的无尽的对立与纷争，或许会有人认为，这可能是人类的一种宿命。

然而，从原则上而言，人类本来应该相互礼让、和睦相亲，在此基础上，一起创造一个相互友爱、共存共荣的世界。我认为，作为个体的每个人，其实都拥有这样的愿望。同时，人类的幸福也终将诞生于这样的愿望。

智慧的鸡尾酒

仅凭一个人的智慧处理问题，自然会有局限。就算这个人头脑再发达，知识再广博，如果凡事总是以一己之力做出判断，就有可能犯下大错。

所以，我们应该集中多数人的智慧，将之融会贯通，在此基础上，创造出更加杰出的智慧，也就是所谓的"智慧鸡尾酒"。

能动的道德观

一般认为，所谓道德，是用来抑制人与生俱来的欲望和本能的。不过，反过来是不是也可以认为，道德是用来激发这些欲望和本能的呢？至于如何激发，我认为，告诉我们什么才是带给自己和他人幸福的最为行之有效的激发途径，正是道德的价值所在。

欲望和本能可以很好地加以激发，而更为重要的是树立可以告诉你行之有效的激发途径的积极且能动的道德观。

36 品味人生

每个人的成功

一般认为，对职场人士而言，成功意味着当上总经理或身居公司要职；对于政治家而言，成功则意味着当上总理或者内阁大臣。

然而，抛开所谓职业上的成功不说，作为一个普通人，真正意义上的成功又意味着什么呢？我觉得，这不能仅仅通过其所获得的金钱、地位和权力来衡量。

每个人都拥有不同的天分，以及其独有的素质、秉性及能力。如果能将自己的天分一百二十分地发挥出来，一定可以深刻体会到人生的快乐和意义。我们所说的个人的成功，不就蕴含在这一过程之中吗？

体 验

拥有丰富的体验是极其珍贵的。无论是成功的还是失败的，他们都是体验者向上进步的动力。

但重要的是，相对于特殊的或者轰轰烈烈的体验，我们更应该重视通过自己的方式，去深刻品味那些细小或者平凡之事。这样的话，所有体验都会成为自己成长道路上的宝贵财富。同样是度过每一天，有人能够做到这点，有人做不到这点。他们之间的差距会在日积月累中越差越大。

人生的经营者

提到"经营者"一词，容易让人简单联想到经济活动。不过，我们每个人的人生同样需要好的经营者，这点也是非常重要的。

应该如何制定生活目标？为实现这一目标应该如何合理地付出努力？如何使自己的人生在物质上和精神上都丰富多彩？对于这一个个问题，每个人都应该结合自身特点，认真思考，不断推进。心中时刻想着如何当好自己人生的经营者，也是一件有趣之事。

一步一步的前行

人生如乌龟行步，重要之处在于一步一步前行。提速是可以的，但如果想把两步、三步并作一步，往往会失败。

平添勇气

一国国民出生在同一国度，并不是自己的意志。可以说，这是一种命中注定。

某种程度上，我们的工作也存在这样的成分。自然，进入某家公司，选择某种职业，是我们自己做出的选择；而同时也可以认为，是一种超出我们个人意志的巨大力量引导我们做出了这样的选择。想到这些，或许我们可以得到某种感悟，平添某种勇气。

之后，坦诚地融入所被赐予的环境，集中精力，扎实苦干。其间，极大的安心感将会降临，更加强大的动力也会油然而生。

消除不安

世上不存在没有任何烦恼和不安的人。如果存在，这个人要么是神的化身，要么是精神上带有某些欠缺。普通的人，某种程度上，每天都会带有这样或那样的不安。

面对不安，不能仅仅畏惧不前，而应该从中激发出新的勇气和斗志，不断自我鼓励，最终消除不安。这一挑战不安的过程，也是人生重要的组成部分。如果感到不安，通过与其抗争感悟到某种人生价值，从而开拓出新的人生道路，这是一种人性尊严的体现。

只要努力

芸芸众生，包罗万象。虽不可一概而论，但我相信，只要我们付出努力，终将得到别人的认可。

诚然，我们并不是为了得到认可而努力的。不过，我们感受到某种事物的价值，不惜付出一切努力去做，同时品味着其中的欢乐，这样的态度终有一天会感动他人。从这一时刻起，那些一直不认可我们的人，一定会越来越多地开始认可我们。

社会优等生

家长一般都很热心子女教育，关心孩子们是不是勤奋。确实，学习是人生大事，成为校园优等生是每个孩子的梦想。

不过，人的天分不同。一个人未必能成为校园优等生，却可能成为社会优等生，就是成为那种可以把自己独有的素质、个性毫无保留地发挥出来之人。

教育子女时，将其培养成校园优等生固然重要，但不能忘记的是，将其培养成社会优等生同样重要。

即便明白

知错就改，所有人都会这么想，这么下决心。但实际操作起来，有时却很难照此行事。明明知道错了，就是无法停下手来。这也是人性的一个弱点。

如果能够克服掉自己身上的这一弱点，我们一定可以跨上更高的台阶，我们的人生也会更加幸福。我们应该不断挑战自身的弱点，逐步强化知错立改的决心。

疏忽大意

人心是一种奇妙的东西。一件事情如果连续三年运转正常，很容易令人疏忽大意。当然，也有人在三年中能够一直保持清醒，但十年后，肯定会出问题。

正因为如此，古人才告诫我们"治而不忘乱"这一心境的重要性。

虽然我不是宿命论者

我不是一个宿命论者。我没有高深的学识，身体相较他人而言更为孱弱。回顾迄今为止的人生之路，我不能不感觉有种超越本人自身意志、只能被称作"命运"的强大力量环绕在自己周围。我只是顺从地随着这种被称为"命运"的东西一路走来而已。

这样的感悟是回顾往昔之后方才得出的，事先无法预知。这其中也蕴含着人生的奇妙滋味吧！

所以，我们要做的，只有全心全意把每一天的事情做好。

这样一来，如果真的存在命运，它一定会为我们敞开大门。这是我自身经历的深刻感悟。

7 名敌手

过去的武士都具有这样的常态心理："只要跨出门槛一步，就会面临七名敌手。"

而当今社会，也会发生交通拥挤。只要迈出家门，什么时候可能受伤，什么时候可能遭遇其他不测，全然无法预知。从某种意义上讲，现在我们面临的危险要大于过去。

正因为如此，我们要时刻做好这样的心理准备。

努力之后

通常情况下，只要努力就会有回报，但并不是所有情况都是如此，也就是说，可能付出了努力却没有得到回报。有时付出了很多，结局却不尽如人意，从而让自己非常沮丧失落。

遇到这种情况，关键是克服焦躁，咬紧牙关，坚持到底，把应该付出的努力全部付出。这样一来，得到的回报可能会超出当初的意料。

向神灵祈愿

准备干一件大事的时候，任何人都会认真起来，态度也会变得像向神灵祈愿时那样虔诚。这也是因为事关重大，人们希望神灵赐予自己力量。

正是由于采取了这种虔诚的态度，人们心中自然变得坦荡，有时能够主动发挥出一百二十分的能量，取得意想不到的成绩。其实，谁都不需依靠，只要拿出向神灵祈愿时的那股认真劲头，任何事情都难不倒我们。

像戏剧中的人物一样

人本质上没有高低贵贱之分，都是平等的。当今社会存在职业上或者地位上的差异，也仅仅是从工作的轻重程度上而言的。

过去，既有达官显贵，也有为他们拎草履的下人。不过在一些戏剧里面，主角不是达官显贵，却是拎草履的下人。

而现实社会中的人际关系，有时是不是也正如戏剧中的人物一样呢？

精英的弱点

有句话叫作"精英的弱点"，意思是说世上某些具有渊博学识、被称为精英的人，因为学识太多，反而被这些学识阻碍了前进的脚步，导致一事难成。

渊博的学识本该有助于他们的进步，但要是被知识所束缚，觉得这也不行，那也困难，做事很容易缩手缩脚。相反，打破知识的束缚，把会做的事情一件件做好，所谓"精英的弱点"就会转化为"精英的优点"。

创立时期

创立某种事物，需要一个时机。事物再好，如果时机不当，也不会为世人所接受。

大家都知道，伽利略为提倡日心说遭到了残酷的迫害。如果这一学说提出在今天这样各方面均已成熟进步的时代，世人一定能够对其充分理解，并不吝惜其赞誉之词，而提出者本人或许还会获得诺贝尔奖。这就是社会现实。

义无反顾之间

当年，继承织田信长遗志，完成统一大业的是丰臣秀吉。不过，秀吉并不是一开始就想着要夺取天下的。其出兵冈山，听闻本能寺之变回师京都讨伐光秀时，压根没有继承信长之志夺取天下之意，只是想着按照当时的道德习俗，为主公报仇而已。

然而，主公仇恨已报，秀吉环顾四周后发现，统一天下最为合适的人选居然就是自己。而且当时，他实际上已经具备了一统天下的实力。

对秀吉的评价各种各样。但在我看来，正是因为他最初没有夺取天下的意识，只是在义无反顾之间每天不断地自我磨砺，才最终夺取了天下。如果他一开始就有这样的想法，说不定还夺取不了天下。这难道不正是人生的微妙之处吗？

把握机会

无论做什么，把握机会都尤为重要。

当然，做到准确把握机会是非常困难的。然而，面对事物只要真正心怀热情，机会随处都是。

如虎添翼

头脑机灵的人未必能够成功；头脑稍微迟钝，但热情高涨的人容易成功；又有热情，头脑又机灵，这就好比如虎添翼。

本行就是本行

兴趣与本行决不能混同。本行就是本行，兴趣就是兴趣。

本行工作之余，体味兴趣的快乐，有助于干好本行，也有助于良好人格的形成，这样的兴趣是有益的。不过，相较于本行更偏好兴趣的人，或许更应该把兴趣当作自己的本行。

听天命

有句话叫作"尽人事以听天命"。不过环顾当今社会，"尽人事"在某种程度上可以做到，而"听天命"却多少容易被人忽略。

"自己付出了这么大的努力，应该得到相应的回报。"这样的想法是人之常情，完全可以理解。然而，应该知道，事情的成败，并不仅仅是以我们的意志和努力为转移的。这里，有一种被称为"天命"的强大力量在左右着我们。

闪耀着希望的人生

人的一生无法预测。

但在陌生的世界里，要怀揣"这是命运对自己的考验"的信念，大步走向属于自己的道路。其间，哪怕取得了巨大成功，也不要沾沾自喜；即便碰得头破血流，也不要灰心丧气。

如同行走于康庄大道一样，坦然面对世上的所有选择，就一定能开拓出闪耀着希望的人生之路。

终身学习

　　"生命不息，学习不止。"没有这样的信念，终将停滞不前。

　　所谓大器晚成之人，一定是终身学习信念无比坚定之人。

37　钻研工作

打工者也不例外

据说现在很多学生都在打工。用自己劳动取得的报酬去干自己想干的事，或者通过旅游增长见识，这都是非常好的事情。不过，希望这些年轻人在打工本身上也要有所收获。

哪怕打工时间只有寥寥数日，也要想着"能打这份工是一种缘分，也是一种宝贵的体验"，从而全心全意投入到工作中去。这一点非常重要。只要有这样的态度和心理准备，工作就能够带给你很多思考，这段经历也会成为宝贵的财富。

贤人与凡人

做任何一件事情，如果只有伟人或者贤人参与，效果未必显著。相反，有时倒是平凡之人的参与更有成效。

如果是凡人，他们具备尝试的欲望，进而不断推进；而一旦换成贤人，他们往往先要在理论上纠结一番，事情本身就可能被耽搁下来。

所以，我认为做事时最理想的团队组合，是贤人占两成、凡人占八成。

工作的价值

并不是只有干大事才有价值。大也好，小也罢，每件事都有自身的特点。只有根据不同特点做出恰如其分的安排，其中的价值才能体现。

辛苦的话题

我经常被人要求倾听他们诉说自己如何辛苦。然而，每次我基本上都听不出他们到底辛苦在什么地方，甚至觉得，他们每天不是都很悠闲自在吗？

心中充满着希望去面对工作时，就算旁人看来非常辛苦，本人也可能完全没有这种感觉。如果每天只觉得工作多么辛苦、多么无趣，长此以往，是无法真正干好工作的。

新产品

一件具有划时代意义的新产品开发成功了。如果其中倾注了自己全部的精力，此时长吁一口气，稍稍自我满足一下，是可以理解的。然而，要是认为可以就此高枕无忧了，一定无法更上一层楼。此时，不妨把自家公司开发出的这一新产品当作别家公司开发的。这样一来，为了在竞争之中立于不败之地，一定要创造出更好产品的欲望就会强烈涌现，新的创意也会自然出现。

同时，人时刻都在追求上进，就一定能够发现新产品的不足，找出改良之策，而不会故步自封。只要有想法，发展进步就没有止境。

自主性

工作中，作为参考，需要多方倾听他人的意见。然而更为重要的是无论如何不能丧失自主性。

只有在保持自主性的基础上坦诚倾听别人的意见，这些意见才能融入自己的血肉之中。

雇用自己

工作中，如果总想挑战超出自身能力之事，可能导致失败；如果总做低于自身能力之事，自身能力不能得到充分发挥，工作的价值也无法体现。所以，做到自我剖析，对自己做出正确的评价，这一点非常重要。

这时，不妨做一番坦诚且有趣的自问自答：如果自己是老板，真的会雇用自己吗？能给自己支付多少工资？会让自己做什么工作？经过这番实验，眼下的当务之急应该是什么，手中的工作应该如何应对，或许就豁然开朗了。

夯实基础

乍一看，建于岩石之上的房屋，与建于沙土之上的房屋没有区别。不过，一旦发生地震，其中的差异立刻可现。

做事如同研究学问，既有基础科学又有应用科学。不管做什么事，夯实基础都更重要。

说服力的产生

人们常说，拥有说服力是政治家和经营者所必须具备的技能之一。就是说，无论多好的想法，如果没有相应的说服力，就无法求得他人的理解。我认为，这种说法有一定的道理。

不过，所谓说服力，既不是与生俱来的，也不仅仅是嘴皮子游戏。它是在认定某种做法完全正确、只能遵照执行的坚强信念基础上产生的。

如此境地

运动员在经历了严酷的训练或者比赛之后，有时不仅不会感到疲惫，相反，还会感到无比畅快。工作也是如此。一旦真心投入其中，疲劳感也会随之消失。有种说法甚至认为，工作中如果感到疲劳，就是因为工作强度还不够。

只要忘我工作，疲劳就会后退。做到这一点虽说很困难，但还是应该努力体验一下这样的境地。

调节欲望

人有各种欲望，如果某种欲望过度强烈，可能导致不好的事情发生。比如，要是食欲过度，就会损伤身体。

如果仅仅是食欲，吃过了头，受到伤害的只是自己而已；如果是事业欲过强，做过了头，受到伤害的就不仅是自己了，可能会影响到许多人，甚至是社会。正因为如此，干事业的人，应该用自己的良知合理调节自身的事业欲，控制其不要过度。

站上相扑台

相扑力士站上相扑台，首先会摆出一种架势。此时，他们身上体现出一股舍我其谁的气魄和劲头。这种气魄和劲头决定着比赛的胜负走向。

在工作中，我们也要有站上相扑台摆出架势那样的心理准备。相扑力士是职业的，我们也不能业余，因为工作就是我们的职业。如果没有舍我其谁的气魄，一切都是空谈。

全凭方法

据说保险业务员中，业绩最好与最差之间的差距是 100 倍！保险这东西，每家公司的产品内容大同小异，可实际业绩却有如此的天壤之别，或许这就是方法的差距吧。

只要方法对头，无限发展之路就不只一条。重要的是努力探寻这样的道路。

从自身找原因

工作中一旦遇到问题，推进不下去了，任何人都会寻找原因。此时，我们多少存在这样的倾向，就是把寻找的方向对准客观。

这样做确实有必要，不过我认为，事情进展不顺，不少情况下其原因在于我们自身。不妨以自我批评的态度，对自己做一番深刻的反省。

身心与财产

任何公司都有很多这样的员工，他们把自己的身心都献给了公司，凭借满腔热情去工作。相比之下，能够主动买入自己公司股票的员工，数量就不是那么多了。

不过仔细想来，如果自己的公司值得自己奉献身心，那么，将与身心相比低一层次的金钱财产也投入其中，从人情而言，某种程度上也应该被认为是理所应当的。

只有将财产与身心一起奉献，才能称得上是一位不折不扣的好员工。

如果走入死胡同

一个人一旦工作进展不顺，或者走入死胡同，容易意志消沉，心灰意冷，这是人之常情。此时，是否可以换一种思维方式，将当前的困境看作创造更好产品的一个转机呢？

如果这么一想，被认为走入死胡同的工作，就变成了可能带来划时代飞跃的机遇，痛苦反而可能会带来希望和勇气。

抓好每一天

年初确定自己一年的工作计划固然重要，而每天确定当天的工作计划，采用合理的工作态度，同样也很重要。

作为棒球选手，他们在考虑今年一整年目标的同时，也一定想着首先要取得今天这场比赛的胜利。尽管今天的结果要等比赛结束才能知道，但他们首先要有拿下比赛的信念。这是他们上场前必须做到的。

当然，说着容易，做起来难。

不过，只要每天心怀这样的志向，认真钻研实现目标的技能，你就能体会到无穷的快乐和喜悦。

38 勤于经商

飞 镖

很久之前，我曾经去演技场看了一场飞镖表演。飞镖手让自己的妻子站在飞镖板前，连珠炮般投出二十支飞镖。二十支飞镖组成了一个完美的人身图案，看得我们目瞪口呆。哪怕只要出现稍许的偏差，他的妻子就没命了。

那一瞬间，我的头似乎被狠狠撞击了一下。世上居然有如此危险之事！然而，这却是那位飞镖手每天的工作。

震惊之余，反思自己。经商过程中，自己是否也做到了如此忘我？

诚然，经商既有对手，也会受到社会因素的影响。从这个意义上说，它比投飞镖更加复杂。因此，经商更是一种所谓的搏命，必须全力以赴。计划中哪怕出现一丝狂躁，后果就会如同飞镖手心态失衡导致杀人一样不堪设想。我再一次感受到了经商的残酷性。

所谓经商

经商既是一件难事，从另一方面来看又是一件易事。至于难在哪里，易在何处，具体很难用语言表述清楚。一言以蔽之，如果自己内心为私心杂念所困，看问题时就会产生各种各样的偏差，总是以自我为主，以他人为辅，这样的思维方式一定会导致困难重重。

如果换一种思维方式，认为自己只是社会的一分子，周围每个人都在热心地为自己创造一切，然后以这种思维方式去对待顾客和买主，经商就会变得异常简单。

当机立断

当机立断是经商的秘诀之一。当然，这个"机"必须是合适之机。成功的企业一般都能准确地把握这一点。

因此，作为企业负责人，要从日常做起，努力培养自己对于事物正确、稳妥的判断力。同时，也一定要有迅速抉择的心理准备。

红色的小便

学徒时，老板经常对我们说："为了成为一名优秀的商人，必须干到让小便的颜色发红！"他告诉我们，遇到经营危机时，每天都会愁眉不展，最后被逼到只想着今天或者明天一死了事的境地，小便自然会发红。没有这样的经历，是无法在商场上出人头地的。

这番话是否适合今天的商场姑且不论，从某种程度上，它还是反映出了商战的残酷性的。

后退一步海阔天空

据说，古代的名将都十分擅长退兵之策。

今日的商战同样如此。发现不能继续前进了，就要立即后退。如果想着不能后退而继续苦撑，很可能会陷入绝境。这样的例子不胜枚举。

可以说，没有什么比正确选择进退时机更为重要，同时又更加困难的事情了。

企业存在的意义

一方面使用着天下之人、天下之财、天下之地及天下之物从事经营，另一方面，却不为天下谋利，对社会毫无贡献，这是让人不能容忍的。从某种意义上说，这是一种罪恶。

取得成果，缴纳税金，贡献国家与社会，这是企业存在的一个重要意义。

经商者的使命

经商就不能避开利益不谈。不过，谋利本身并不是经商的目的所在。我认为，经商的目的在于当社会出现提升生活质量的诉求时，全心全意地去提供优质服务，也就是奉献社会。这既是经商的珍贵之处，也是经商者的使命。

只要在此使命感的驱动下，不断大力推进商业发展，经商者正当的利益就会以报酬的形式从社会获取。

难得之处

顾客分为两类，一类基本不流露不满，另一类却事事计较。

基本不流露不满的顾客固然难得，不过细细想来，成天向你抱怨的顾客不是更加难得吗？他们的计较、他们的投诉，不正是我们改进自身经营和产品的最好动力吗？

精神加工

作为商店，对于销售的商品是不做外形加工的。不过，我认为，精神方面的加工却是必要的。也就是说，要全心全意地经营，向顾客提供全心全意的服务。换言之，就是通过把经营者的诚心诚意附加在商品上，使其达到更高的层次。

为了做到自我准确定位，获取被称为精神加工费的正当利益，一定要拥有坚定的信念。只有这样，才能避免被卷入任何一场价格大战，从而开展真正让顾客满意的经营。

经商的姿态

所谓经商之法，是随着时代发展而变化的。我认为，与过去相比，今天经商过程中"向消费者做宣传"的必要性与日俱增。

假设你在经销商品时，发现了"好的""用起来真正方便"的东西，此时如果想着"早点把这些优点告诉消费者，让他们高兴，这是我们商家的责任"，然后跑到消费者那里起劲地宣传，想必消费者自然会受其感染，掏钱买下商品一试。要是使用后果如其言，消费者一定会非常高兴，认为商家是个"真心诚意，而且喜欢开动脑筋"的好人，因而对其信任有加。商家的生意自然兴旺起来。

这些道理想必谁都懂，却极少有人认真尝试，这让我甚为不解。

适合自己

某种商品在隔壁商店卖得不错，所以自己也想拿来卖，这种不考虑是否适合自己就去干的做法，往往适得其反。经商时，还是应该结合自身的实力和特长，做适合自己之事。

经营的趣味

如果带着要把自己的公司、商店搞得更好的强烈热情去看待其他的公司和商店，一定能够发现一两点值得借鉴之处。

在其他公司和商店长处的基础上再加上自身的创意，开发出具有自身优势的新产品，经营的趣味不正体现在这里吗？

看成自己的女儿

有人认为，把商品卖给顾客，有点像把亲手抚养的女儿嫁出去。

把女儿嫁过去，能否博得人家的欢心？是否能够生活幸福？嫁女之前，这些忧虑一定会折磨着父母。同时，与亲家形成了新的亲属关系，一种与迄今为止的感情不同的亲情自然出现。

把商品看成自己的女儿，把顾客看成自己的亲人。只有站在这样的立场上，才会有全身心的销售、对待骨肉至亲般的服务。

没有胜败

周围经常会有人怀着看热闹的心理说："这家公司和那

家公司可是竞争对手哟", "这家公司胜了,那家公司就要失败了呀"。

然而,经商并不是像体育比赛或者战争那样,一定要分出胜负。从为顾客提供便利,实现商界共同繁荣的着眼点出发,追求同荣辱共患难,才是经商的正道。

哪怕只卖出 5 件

经商之时,哪怕第一次只卖出五件商品,改进方法后,第二次就有可能卖出去 1000 件;如果能卖出 1000 件,那么十万件也不是非分之想。其中原因在于,如果根本没人买则另当别论,但哪怕只有五个人买,就说明这件商品已经被人接受。而人们对待同一商品的看法不会存在太大的偏差。

剩下的就是决心、方式、热情的问题了。这么一想,经商就会变得有趣起来,也会平添许多动力。

夕阳产业

业界有夕阳产业这样的说法。不过,即便再夕阳,只要一种产业没被时代的发展完全淘汰，就有可能改造生产出具有进步性、适应时代发展的新产品。重要的是如何改造。这也是经商只可意会不可言传的奇妙之处。

恰当的回报

经商也好，我们人生的方方面面也罢，只要付出努力，原则上都会得到相应的正能量回报。

如果没有产生正能量，比如在经商中付出了努力却没赚到钱，原因大多是想法或做法存在偏差，使其努力付之东流。只有偏差得到纠正，努力才能得到恰当的回报。

不断受到教诲

过去的商人都是从学徒做起。他们的老板或师傅扇过他们一个又一个耳光，同时，也教会了他们一个又一个经商之道。经过这样的历练，他们终于成为一名出色的商人。

今天，尽管方式发生了改变，但严厉训斥、大声提醒本身还是非常重要的。

引进政治技术

日本的产业发展取得了显著的成效，其重要原因之一，是引进了多种国外技术。作为对引进的交换，我们也把销售金额的百分之几提供给外国，不过总体而言，我们的得大于失。

然而今天，日本政治领域出现了各种问题。为了把政治搞得更好，我们可以更加现实地考虑采取与经济相同的手段，比方说把日本税金的百分之二拿出来，从外国引进更好的政治技术。

真正的服务

服务是商业活动的附属品。没有服务相伴的商业活动，不能称之为商业活动。从这个意义上说，对于商人而言，服务是他们的一种义务。

不过，如果仅仅将其看成一种义务，极不情愿又无可奈何地去做，一定会身心俱疲。同时，还不仅仅是身心俱疲的问题，这种极不情愿的心态自然会在与顾客打交道的过程中反映出来。

本来，服务应该让对方感到愉悦，同时也让自己从中体验快乐。只有这种愉悦他人、快乐自身的姿态，才是真正的服务所应具备的。

适当的大小

若将大与小相比，人一般都会喜欢大。同样，在内容与形式之间，他们更容易把形式做大，也容易认为大是件好事。不过，这种想法非常危险。

比如在经商中常看到这样的情景：店铺只开在背街小巷时，某种程度上能够维持繁荣；而一旦把店铺开上大街，马上就会倒闭。还是应该根据自身实力保持适当大小，在此基础上，再谋划提升实力之事。

39　拓展业务

最高的热忱

哪种经营者最受欢迎？自不待言，首先是出类拔萃者。不过，在任何方面都高人一等，实际是做不到的。

然而，作为经营者而言，有一点必须高人一等。

这就是热忱。在智慧、学识、才干方面，他不一定最出色，但在对于经营的热忱方面，他一定要做到最好。

经营者只要具备这样的热忱，他的部下或者员工就会产生共鸣，有智慧者拿出智慧，有才干者拿出才干，每个人都会拿出自己的看家本领。

这不正是一个受人欢迎的经营者所应具备的形象吗？

先见之明

为了不被雨水淋湿，就要在下雨之前准备好雨伞。经营也是如此。为了取得事业的顺利发展，平素就要对将来可能发生的事情进行预测，采取切实的应对措施。

拥有先见之明，做起来比较困难。不过，它仍然是经营上极为重要的要素之一。

追　究

一家公司如果老板严厉，那么这家公司势必每件事情都会斤斤计较。因为老板经常要追究责任。

说到追究，如果方法不对，可能会引起不满而适得其反，因此措施必须得当。不过，只要老板长期对员工保持一种既强有力而又恰如其分的追究力，这家公司一定会飞速发展。

部　下

看到部下浪费一张纸，我会批评他们。不过，一件重要工作放手让他们去做，即便他们拼尽全力还是无法成功，导致数百万日元的损失，我反而会努力安慰他们不用担心，为他们打气。这大概就是大家都愿意跟我干的原因吧。

拘泥于小事而把大事忘在一边自然不可取。看重小事，而以一种豁达的态度对待大事，有时也是一种行事之道。

率先的气魄

公司规模不大时，负责人身先士卒不知疲倦地苦干，其他人就会跟着他干。不过等到公司规模扩大后，这种做法就不大行得通了。

可就算不能再向全体员工发出直接指令，负责人也不能忘记公司草创时自己的那股率先的气魄。

保持年轻

老化是经营的敌人。即便是拥有百年历史的企业，也要在经营上不断创新。这一点非常重要。

然而在实际操作过程中，这又是十分困难的。环顾四周，企业做得越大，其血液流通就越不顺畅的例子不胜枚举。

正因为如此，如何保持年轻，是经营中所面临的一个重要课题。

新职员

新职员进入公司了。有人认为，整个公司也好，下属部门也罢，综合实力将随之提升。

但新职员一开始是无法独当一面的。不仅如此，老职员为了指导他们必须花费时间和精力，这多少也会导致老职员工作效能的降低。也就是说，人均工作效能在一段时间内会出现不升反降的情况，整体效能某种程度上也一定会降低。

如果意识不到这一点，单纯地认为只要增加人手就能提高工作效率，这种想法可能会误事。

就如车之两轮

对于公司运营而言，公司与工会就如同车的两个轮子。如果一个轮子越来越强大，而另一个轮子受压变得越来越小，车子本身就无法正常前行。

只有两个轮子的尺寸大小、动力协调，达到均衡，车子才能向前行驶。

实际作业面积

有次会见美国某大公司总经理，对方问我："日本工厂的实际作业面积，就是工厂内与生产直接相关的面积大概占多少？"我回答说："这个嘛，七成左右吧。"对方听了之后说："太奢侈了！我们美国的工厂都奔着九成去的。剩下的一成，也都设计成了带回廊的。"

这给我上了一课，让我重新认识到了商战的残酷性。

真正的合理化

曾经听说过这样的观点：合理化是与超强度劳动、过度劳动联系在一起的。我认为，所谓真正的合理化，是为了让每个人都将自己的特长一百二十分地发挥出来，身心愉悦地提高工作效率，而进行的组织上及工作方法上的改进。

从这个意义上说，合理化一定不是超强度劳动。如果有导致超强度劳动的合理化存在，那它一定偏离了合理化应有的轨道。

不仅仅是薪水问题

公司要向每位员工支付薪水。这理所当然，也很重要。

不过，仅仅支付了薪水就万事大吉了吗？未必如此。对于每位员工，公司应该反复考虑，怎样才能最大限度发挥其特长；应该安排他从事怎样的工作，才能让他真正掌握对社会和国家有用的本领。

这些不仅有利于员工，更有利于公司自身进一步的发展。

提高信誉

资金雄厚、技术先进，这是提高公司信誉的重要因素。但如果说一家公司最大的魅力何在，我认为，还是在于这家公司的每个人都了解自己公司的使命，热情而其乐融融地为公司服务。

这样的公司，会得到客户和社会的好评和信赖，从而提升自身的信誉。在现实生活中，像这样拥有高超的技术能力和经营水准，以稳定的姿态不断发展的公司不在少数。

降魔之利剑

刀剑与资本非常相似。刀剑握在贤者手上，就是除恶的利剑；如果握在愚者手上，弄不好就会伤害他人。

同样，对于资本而言，根据使用者不同，它可能给自己和他人带来繁荣，也可能带来各种弊害。

资本也好，刀剑也罢，其本身并不是灾祸之源，问题在于使用它们的人是怎样的人。

所谓大

从常识方面考虑，相扑比赛中，体重大的力士实力应该更强。而实际比赛中，体重50贯（约190千克）的人骨碌碌滚下相扑台的也不在少数。

企业也是如此。一般认为，企业的规模越大越好。不过，要是没有相应的经营能力相伴，大企业反而行动笨拙。

改进之后

为克服缺陷而进行改进的产品，有时反而会出现比改进之前更多的缺陷。这是因为改进时只想着如何解决眼下的问题，而对改进可能导致的新问题缺乏预判。

这种现象在社会的方方面面是不是同样存在呢？

企业经营者

企业也好，企业经营者也罢，他们不能认为仅仅拥有资本和经营力就万事大吉了，同时时刻不能忘记的是社会责任和社会正义，并需在企业经营中时刻加以对照。

否则，就可能出现资本的飞扬跋扈，对其他企业、整个业界，乃至社会整体需求带来严重的负面影响。

服务社会

几乎所有的企业，都会以不同的形式把"服务社会"融入自身的经营理念中去。只要经营企业，这一理念就无法回避，必须时时思考。

而更为重要的，是如何贯彻这一理念。贯彻程度的高低，决定了企业经营业绩的差距。

中小企业

我本人经历了从个体企业到大型企业的发展过程。今天想来，其中劳动的价值最高的，是企业员工规模四五十人到一百人的时候。因为那个时候，大家能做到心往一处想，劲往一处使。大企业中，每人发挥出百分之百的力量非常困难，而四五十人的中小企业，每个人都可以轻而易举地发挥出百分之百甚至百分之一百五十的力量。

尽管今天中小企业存在不少问题，但重要的是，其经营者应该充分意识到，自身在劳动价值方面所拥有的得天独厚的优势。

赚　钱

赚大钱并不显尊贵。重要的是采用与他人协调的正确方式，得到正当的利益。

自我领悟

所谓经营学，既可以施教于人，也可以讨教于人。而我认为，活生生的经营活动过程，则既不能施教，也无法讨教。诚然，施教或者讨教会有一定的参考价值，但经营活动中真正的诀窍，归根到底只能通过自我领悟才能得到。

领悟活生生的经营活动诀窍时，相应的环境必不可缺。而这个环境，就是个人各自所属的公司、商店，以及整个社会。

问计于社会

公司普通员工向主管问计，主管向处长问计，处长向部长问计……不同的人分别向自己的上级或前辈问计，请求他们的指教。由此，他们就可以明白事理，增长见识，正确地开展工作。

而到了总经理和董事长的级别，他们上面没有可问计之人了，又该如何是好呢？如果这样，不妨问计于社会，倾听一下眼下社会对自己以及自己的公司有着怎样的呼声、怎样的诉求，然后真诚地进行改进。

我个人认为，常怀问计于社会之心，此点非常重要。

40　共同前行

责任在己

眼下的社会有种倾向，一旦有问题曝光，马上归咎于别人。仿佛那些不良现象出现的原因，全是社会不好，或者他人不好，而与自己完全没有关系。

然而我认为，在这种时候，所有的人都应该或多或少地从自己身上去寻找原因。这样一来，反思会更加诚恳，失败也会转化为深刻的教训。把自己应该承担的责任转嫁到别人身上，自己是永远不会进步的。

互敬互爱之精神

为了消除人与人之间、国家与国家之间的纷争，实现人类的和平，我们要做的事情很多。而其中最为重要的，我认为是培养互敬互爱互让的精神。

然而，这种精神只是作为理论传播的，在现实生活中，却难以践行。因此，我们应该从小抓起，通过家庭、学校以及社会各个方面日积月累的礼仪教育，让孩子们对此有切身的体验。

武士的字据

古代武士借钱时会写下这样的字据："要是我不还钱，就让今天在场的所有人耻笑我。"对于武士而言，人前受辱比死还要痛苦。立下这个字据，就意味着自己舍去性命也会还钱。

然而，今天也有人会觉得："如果受人耻笑就不用还钱了，岂不是占了大便宜？"由此，拼上性命也要还钱的风气日渐淡薄。但不管怎么说，借人东西是一定要还的。

道德的缺失

有种观点认为，道德教育会引发战争。然而，如果太平洋战争时期的日本存在爱人如爱己、爱他国如爱祖国的高尚道德，那场战争或许就不会发生了。

道德本身并不会引发战争，真正引发战争的恰恰是道德的缺失。这一点应时刻牢记。

真心与诚意

今天提起真心与诚意，有人会把它们当作过时之物。这种看法极其荒谬。人最为宝贵的，就是竭尽真诚、自我完善的态度。

现实中，正是这种态度和精神无形中支撑着我们的社会生活和职场生活。

当做之人

今天，我们普通人要是身着日常装束去提醒别人遵守交通规则，疏导交通秩序，容易遭到别人的白眼："关你什么事，走开！"然而，要是换成身着制服、佩戴袖章的交警，大家一定会非常听话。也就是说，只有交警来疏导交通，大家才会听从指挥，交通才能变得通畅。因为交警才是疏导交通的当做之人。

同样的道理也适合于商店、公司、团体甚至国家的运营。当讲的人才讲，当做的人才做，只有这样，运营才能有成效。

社会义务

每个人磨炼自身技能、提高人格品位，可以说是为了自己。而实际上，这同时也是每个社会个体对社会整体所应承担的重要义务。

比如说，别人上了三个台阶，自己却没上一个，社会平均水平就会因此而降低。只有每个人都具有社会个体的义务感和相互间的连带感，社会才可能不断发展。

一旦成为强者

实力强大者站在正确的立场上思考问题，社会就能向前发展；相反，如果他们滥用自己的力量，就会导致混乱。

经济界的龙头企业、业界大佬如果沿着正确的方向前行，行业必将繁荣；一旦他们热衷于无序的市场竞争，行业必将疲软。国际关系同样如此，大国行为端正则和平永葆，否则，世界安全将会受到威胁。

因此，无论个人，还是企业、国家，没有人比强者承担的责任更大。一旦成为强者，就要时刻扪心自问：什么才是正道？

百花齐放

一种思想也好，一种宗教也罢，它们倡导的东西都可以被人信奉。

然而，拘泥于此是错误的。一花独放略显寂寞，只有百花齐放，才能形成五彩斑斓的绚烂之色。

思想和宗教为数众多，只有发挥它们不同的特长，才能带来社会的进步与繁荣。

应该下降之物

有种观点认为，物价是随着经济发展而上升的。

这种观点固然有一定道理，然而，我们从手工劳动阶段进入了效能更高的机械化生产时代，过去的人力大车被卡车所取代，产品的制造成本和运费也随之降低。也就是说，现在的生产力已经大幅提升。因此，从原则上说，物价不是应该随着时代的发展进步而下降吗？

法律的修改与废除

为了维护社会生活的稳定，法律必不可缺。

然而在日本，只是一味想着制定新的法律，对于随着时代发展已失去效力的法律，却从不考虑修改或者废除。于是，日本法律如林，密不透风。这难道不会反过来对国民过上舒适的生活造成阻碍吗？

代　价

因为喜欢汽车，就想免费弄到一辆，恐怕没人会送给你。此时，你必须支付车款。也就是说，你要想得到某种东西，就要付出相应的代价，此理不言自明。

但当今社会，不付出代价就想达到目的的所谓的"寄生虫"式的自私之风似乎非常盛行。

哪一个更多

在社会生活中，自己在服务他人的同时，也接受许多人的服务。如果每个人接受的服务是十次，却都只回报九次，那么，社会将一点点衰弱下去。为了实现社会的繁荣，每个人都应该做到接受十次服务，而回报十一次。

这个道理谁都明白。个人也好，公司也好，都应该反省一下，自己是否做到了付出服务的总量多于接受服务的总量。

景气与不景气

过去，景气还是不景气是由农作物丰收还是歉收决定的。不过科学发达的今天，景气还是不景气已经不取决于天气，而是取决于人的创造。

大到政治因素，小到个人意志，这些在理论上都可以操控景气的出现。

产品的价值

任何产品都充满了制作者的心血，拥有与之相应的极高的价值。然而，或许由于商品生产极大丰富甚至过剩的缘故，今天，我们周围出现了不尊重产品价值的倾向。

东西多了就不值钱，可以无尽挥霍的想法是错误的。希望大家抛弃这种思想，就算是一次性产品，也要对其给我们带来的便利心存感激。只有使用方心怀这样的感情，生产方才能心满意足地生产出更好的产品。

奉献社会的第一步

奉献社会是社会个体的一项重要责任。不过，与其干上一件惊天动地的大事，不如踏踏实实做好本职工作，不断为社会做出自己应有的贡献。这不正是奉献社会的第一步吗？

道　歉

发生事故或者给他人造成损害和麻烦之后，首先要做的，是真心诚意地道歉。这也是一个人责任心的体现。

不过，我觉得今天这种意识多少变得有些淡薄。

支持领导者的工作

领导者一旦欠缺责任感和指导力，他的团队一定是一盘散沙。所以，领导者一定要拥有与其身份相符的自我意识和能力。

但与此同时，团队成员也要给予领导者发挥职能的力量。如果只是一味对领导者批评指责，或者采取事不关己的态度，让领导者总是犹豫不决，领导者就算再优秀，团队也依然强大不起来。

对立与调和

世间万物原本处于对立与调和的状态。如果只有对立，即便取得进步，也会发生混乱；同样，如果只有调和，就算稳定无忧，也不能指望有太大的发展。也就是说，对立与调和必须同时共存。

今天的产业界存在过度竞争，可以说，这是一种对立有余而调和不足的状态。

社会礼仪

"礼仪"这个词近来被频繁提及。不过不能忘记的是，在重视家庭礼仪、校园礼仪的同时，也应同时注重社会礼仪和职场礼仪。也就是说，需要培养作为社会成员、职场人士所应具备的自我意识与责任感。

那么，应该由谁来进行这样的礼仪教育呢？公司和经营者自然负有责任，而考虑到对其成员拥有强大影响力的因素，我认为劳动工会所应承担的责任同样不小。

从这个意义出发，劳动工会负责人在努力满足成员要求、提高成员待遇的同时，也应告诉他们，正确的社会礼仪和社会期待是什么。

41 构筑明天

发挥所有的长处

和平是全人类的祈盼。环顾当今世界，严重的对立和战争随处可见，接连不断。其中的原因有很多，在我看来，比较突出的是其背后存在的深刻的意识形态的对立。可以说，信仰与主义的不同，导致普通民众陷入了不幸的深渊。

仔细想来，任何信仰与主义都既有所长也有所短。因此，应取各方之所长，在对立中调和，发挥出它们所有的长处。这才是取得飞速发展、构筑美好明天的道路。

诸行无常

有句古训叫作诸行无常。今天，一般将其解释为"世界是虚无缥缈的"。不过，这里的"诸行"可以理解为"万物"，"无常"可以理解为"流转"，就是说，万物总是处于变化之中，也可以理解为万物一直在发展进步。

如果人的思维方式发生改变，社会、政治、国家都将发生改变。这也是一种进步。

也就是说，所谓诸行无常这句古训，可以理解为万物流转、生成进步，也可以理解为日新月异。

宽严相济

父母教育孩子时没有一句严厉的话，只是溺爱有加，那么，只要这孩子本身不具备极高的素质，他是无法成长为一个人格健全之人的。还是应当该教训时就教训，该呵护时就呵护。只有如此宽严相济，才能培养出有用之人。

所谓宽严相济，是千年不变的教育真谛之一。

战争与进步

有种观点认为，战争的结果促进了人类的进步，或者人类的进步是通过战争实现的。从历史长河来看，或许存在这样的情况。但即便如此，也决不能得出为此就可以发动战争的结论。

其实，通过不幸的战争获取人类的进步，这绝不是一种理性的选择。人类不通过战争，也一定能够找到发展进步之路。集民众之智慧探索这条发展道路，是人类应该认真研究的一个重大课题。

失败之后

人有时会遭遇意想不到的失败。正视失败，立即改正当然重要，但有一点更为重要，就是通过改正更进一步，创造出全新的成果。这样一来，失败就会成为更大的发展契机。

所谓"失败是成功之母"，说的就是这个道理。

未来学

近来，一门名为"未来学"的学问较为盛行。同为未来学，学者眼中的这一学问，与处于治理天下立场上的所谓"治理家"眼中的这一学问自然不同。对于学者来说，未来学是他们在分析过去的基础上对未来进行的一种预测。

而对于治理家来说，未来学则必须是他们站在自己人生观、世界观的立场之上，创造性地发明出的一种理论。换句话说，他们不能只是单纯地告诉人们将来会是一番什么样子，而更应该告诉人们，为了人类的幸福，必须创造一个怎样的世界，为此必须付出怎样的努力，即描绘出一幅如何构筑未来的画卷。今日世界，治理家眼中的未来学更为重要。

创意加工

随着宇宙飞船在月球着陆，人类在月球上迈出了第一步。要在过去，这种事情做梦都不敢想，但今天真的实现了。

由此联想到，在我们的周围，在那些今天看来可能最好的方法之外，根据思维方式不同，有可能存在尚未被我们发现的更好的途径、更好的选择。由此看来，干任何事情，都要有创意加工的精神。

转变进步

人类的历史，可以说是一个自我修订、改正的过程。

例如资本主义、自由主义国家逐渐汲取了社会主义的理论；而共产主义国家，也开始学习自由主义国家的长处。也就是说，各国的形态随着时代发展不断转变进步，昔日的理论已逐渐不再通用。

没有修正就没有进步，这不正是一条基本的道理吗？

税收的效率

一个国家税收繁重，社会环境却得不到有效治理，就如同一家只兜售假冒伪劣产品的商店，迟早会破产。

原则上讲，大家都希望以低廉的税金，买到优质的商品，做到住有所居、劳有所得。这样的国家才是真正的繁盛之国。

如果不进行教育

有句话叫作"仓廪实则知礼节"。我认为，礼节这东西既不能无师自通，也无法辨别真伪，所以需要进行相关教育。不过，如果衣食不足，无论怎么教育，礼节也无法遵守；相反，要是衣食无忧，则礼法易守。

今天的日本，衣食已处于十分充足的状态。然而，我们真的投入大气力去进行礼节教育了吗？

创造力与智慧

年轻人有发现事物、创造事物的动力。然而，在辨别事物好坏真伪的时候，还是应该尊重年长者的经验。

只有将年轻人旺盛的创造力与年长者经验中蕴含的智慧有机结合，才能催生出巨大的成果。

珍爱自己

如珍爱自己一般爱他人、爱工作、爱家乡、爱国家，才是真正地珍爱自己。如果自己的周围、所属的团体，乃至自己的公司都关系紧张，真正的繁荣又从何谈起？

人人皆党

圣德太子的《十七条宪法》中有句话是这样说的，"人人皆党"，意思是说只要有人聚集，那里自然会形成组织或党派。这反映了人的一个本性，也是一个自然哲理。

面对如此形成的党派和组织，与其视之为洪水猛兽加以排斥，不如坦诚地承认它们的存在，并灵活地加以利用，使其为社会服务。今天，许多团体都在叫嚷"消除派阀"。然而，派阀并不应该成为被消除的对象，而是应该将其朝着正确的方向去引导。当然，无论何时，重要的都是拥有圣德太子主张的"以和为贵"的精神。

身为前辈者

年轻人尤其是青少年有一种心理，容易在不知不觉间被前辈或成人所吸引，仿效他们的言行。因此，身为前辈者，如果告诉他们如何做人、如何处事、人生的意义何在这样的道理，年轻人就会通过自己的方法进行理解，以一种令人满意的姿态成长起来。

然而今天，这个道理已经无人提及，各种问题也在随之出现。

每个人的力量

繁荣是每个人的希望。但繁荣不是天上掉下来的，而是通过我们每个人的力量构筑起来的。每个人都应该具有为繁荣大厦添砖加瓦的意识，并在此过程中要认真思考一下，自己应该怎么做。

世间万物

有人认为，世界上存在的所有之物都有其价值。就连作为废物从人体中排出的粪便，也可播撒于农田，起到培育作物之用。青霉在医学领域得到应用，甚至连病毒和鼠疫菌也有可能存在利用价值。不少毒物已经存在，只是利用方法尚未被人开发出来。由此想来，人类发展进步之路确实是无限的。

怒目训斥

如今的孩子被父亲或老师"怒目训斥"的情况或许已经完全看不到了。

诚然，遭到训斥不是好事，但在人生的成长期，偶尔遭受一下怒目圆睁的厉声呵斥，有时未尝不是一件好事。

所谓适度

所谓适度，听上去总感觉概念模糊，难以掌握。不过，我认为这个词深含韵味。

人吃东西时，要是超过一定限度，就再也吃不下去了。这是人天生的一种本能。同时，在人类活动、社会运营之中，适度也作为一种自然规律存在。

仅凭人的智慧，完全掌握适度的尺度很困难。尽管如此，在我们的行事过程中，追求适度还是非常重要的。

提升价值

所有物体，使用时若不提升其固有的价值，就是一种浪费。就拿我们身边的黏土来说，只有火候到了，才能烧成漂亮的容器。

使用时注重提升物体的价值，不也是人类文化发展的体现吗？

知寿命

在一定时期，手推车和马车是人类重要的交通工具。但如今，它们几乎全部被汽车取代了。由此可见，无论是科学、思想，还是宗教，它们对人类的贡献都有一个期限，也就是寿命。我们必须认识到，所有事物都有寿命，我们需要不断追求新的事物。这才是人类进步的动力所在。

告知事物的本质

成长过程中集万千宠爱于一身的古代君主，就算知道自己是被娇生惯养的，却很少清楚臣民的辛劳和人心向背，因此极容易变成暴君和昏君。

但是，如果在其成长过程中，即便是一粒粮食，也有人告诉他说："我们吃的粮食是臣民辛辛苦苦种出来的呀。"君主就会意识到："臣民真不容易，我必须珍惜每一粒粮食。"

像这样告知事物本质的行为就是教育。古代被称为明君的君主，成长过程中很多都受过这样严格的教育。

然而今天的教育，真的将事物的本质正确地告知孩子们了吗，真的能培养出明君吗？

全人类的和谐

今天，人类已经可以登上月球了，但与此同时，地球上某些地方还存在营养失调、食不果腹甚至饥饿致死的悲剧。

身处同一时代的人们，其处境为何如此迥异？这也反映出全人类和谐趋同的艰难。

但无论怎么艰难，只要人与人之间真正贡献智慧，齐心协力，追求幸福与繁荣，人类大同就绝不仅仅只是一个梦想。

42　关心政治

正因为工作繁忙

我们国民决不能以自己工作繁忙为借口不关心政治。因为我们殚精竭虑付出的辛劳是否有价值，是否能够得到充分的回报，完全取决于政治的善恶。

所以，从这个意义出发，正因为我们工作繁忙，才应该更加关心政治，为政治更好地发展做出最大的努力。

赋予政治家以魅力

为了把政治搞好，重点是激励好人从政，尤其是鼓励那些前途无量的青年人树立从政志向，潜心钻研，提高学识。

然而今天的日本，立志成为政治家的年轻人寥寥无几，或许是因为政治家缺乏魅力。这种现象令人忧虑。因此，无论是政治家本人还是国家，都应该认真思考一个问题，即如何才能让年轻人主动立志从政。

如果没有需求

如同供给伴随需要而生一样，成果也是伴随需求而生的。

比如，如果没有消费者强烈的需求，工厂就生产不出好的产品。而如果没有我们国民的需求，政治也一定搞不好。

一人之力

越后国王长尾为景死后，其子晴景继位。晴景性格优柔寡断，导致一直国泰民安的越后国迅速陷入纷乱的旋涡。也就是说，一人之力既可兴国，也可灭国。由此可见，位居权力巅峰之人拥有的影响力是多么的巨大。

我认为，即便在当今社会，如此巨大的影响力也没有改变。国家、公司也好，学校、家庭也好，如果地位最高的那个人行为端正，所有的事情基本都可以得到顺利推进。位居领导地位的人，对此应有充分的认识。

告诉国民

一家公司，总经理把自己眼下的想法告诉员工，是非常重要的。如果做不到这一点，员工既没有工作积极性，相互间也不易形成竞争关系，公司的发展势必停滞不前。

一个国家也是如此。身处领导者地位的人，如果不把国家的治理之策、对国民的具体希望清晰地告诉国民，国民就会陷入迷茫和不安之中。

发挥民主主义优势

如果问及民主主义和封建主义哪一个好，任何人的回答都一定是民主主义。然而，封建主义也存在明君，国家也有繁盛之时；民主制度下的国民如果缺乏主人翁的意识，国家同样治理不好。

任何制度都不可能百分之百完美。民主主义只有在国民的良知和责任心极大提高的基础上，优势才能得到体现。

只有做到相互质问

议会中遭到质问和斥责的一定是政府或执政党，发出责问和指责的一定是在野党和舆论。不过，我认为不妨反过来试一试。

无论是执政党还是在野党，在提高国民福利方面都负有相同的责任。因此，如果政府和执政党没有治国良策的话，也可以询问甚至质问在野党。

为了集思广益，相互间的质问很重要。议会是一个难得的场合，执政党可以充分利用，好好质问一番在野党，看看他们有没有好办法。

关心政治

我们都知道主权在民的思想。不过我认为，我们的国民应该更加关心政治。那些高高在上的大人物，客观上如果对任何事情都爱搭不理，就会失去干劲。同样，政治家和国民如果不关心政治，就不会有竞争，也就不会有好的政治出现。

我们的国民每天早上见面时，是不是可以把相互的寒暄改成"早上好，今天你关心政治了吗"？如果对政治的关心达到这样的高度，政治家们也会感到压力巨大，这样一来，令人满意的政治是不是就呼之欲出了呢？

横征暴敛

封建时代，税赋的高低是由君主和领主单方面决定的。因此，如果税赋过于苛刻，达到了横征暴敛的程度，就会激起臣民的反抗，导致藩国的瓦解。所以，有良心的领主一般都会想方设法改善藩政，尽量降低税赋。

然而今天的民主社会，税赋的高低是由身为主人的国民选出的代表决定的。这样一来，税赋如果定得很高，其责任所在就成了问题。无论被横征暴敛的还是实施横征暴敛的，都是国民自身，即使想倾诉也无门。

由此可见，民主主义时代，如果国民没有充分的自主意识，反而比封建时代存在更大的横征暴敛横行的危险。

宣传省

无论一件产品如何出色，如果世上无人知晓，就不会有人买。为了让历经艰辛生产出来的产品为世人服务，就必须广为告知："现在有了这么件好东西，大家都来用呀！"广告宣传的作用就在于此。

一个国家的政治同样如此。政府推行的政治路线无论多么好，如果不周知国民，国民就不清楚其好处何在。只有政府的宣传恰当充分周到，国民才会购买政府的产品，也就是赞同政府的政策，帮助政策实施。

我由此想到，许多民间公司都设有宣传部门，并为此投入了大量的人力物力。国家是不是也应该像这些公司一样设立宣传省，把国家施政的真正意图向国民大力宣传呢？

政治权威

当前社会，要想形成好的行为被广为赞颂、不好的行为被立即纠正这样的风气，首先应该在政治上做到这一点。

如果是非曲直的标准能够在政治上得到清晰的体现，就一定能逐渐被国民广泛接受。这才是政治权威最为宝贵之处。不过，我总感到这种政治权威正在一点点地弱化。

美国的部长

　　在美国，总统是民选产生的。不过担任部长的并不是议员，而几乎全是民间人士，其中很多是经济界人士。这种方式的优劣不便一概而论，但不可否认的是，通过这种方式，国家的运营就如同经济运营一样，带有了追求经济利益的色彩。

　　这是否也是造成美国国民收入较高的一个原因呢？

方针的调整

　　战后初期，由于粮食严重不足，为了尽量多地生产作为主食的大米，政府采取了许多积极的优惠、奖励措施。在当时来看，这些措施都是切实可行的。因此，大米产量不断提高，达到了充裕的程度。

　　这时，鼓励生产的方针是否应该进行某些调整呢？正是因为没有进行调整，今天大米的产量严重过剩，给生产者和消费者都带来了不小的困扰。

　　随着社会发展和情况的改变，需要对方针进行相应的调整，以应对时代的需求，这是政治上非常重要的一点。

政治效率

经济上，提倡包括经营合理化在内的生产效率的提高。与此相同，政治上，也需要进行工作合理化、正当化，就是需要提高政治效率。

政治效率提高的成效非企业效率提高可比，它带给整个国家和社会的影响是巨大的。正因为如此，政治效率的提高才更为重要。

难得的机会

国会上，大臣面对议员的质询要进行答辩。从形式上看，这种答辩是对提出质询的议员做出的，而实际上，则应该是对议员背后的全体国民做出的。之所以这么说，是因为议员是通过选举产生的国民代表。

因此，从大臣的角度而言，在议会接受质询，正是面对全体国民展示自己信念的绝佳良机。把自己平日思考的方针政策向国民做广泛宣传，以求得他们的理解帮助，没有比这再好的机会了。

　　然而今天国会的情形却是，大臣几乎都忘记了国民的存在，做出的答辩只是针对议员本人或者其所属的政党。如此一来，难得的机会就得不到有效的利用，这难道不是一种极大的浪费吗？

政治家与体力

　　人们常说政治家没有体力就无法工作。确如其言，政治家的工作异常辛劳，需要相当的体力作为支撑。

　　不过，政治毕竟不是相扑那样的体育竞赛。即便政治家本人的身体不那么强壮，但只要拥有真知灼见，就一定能够给国民带来真正的繁荣。而且政治家必须做到这一点。

所谓单独审议

　　我们常会听到单独审议这个词。但不能说只要凑齐两名议员，就可以开始单独审议吧。因为每个议员本质上都是全体国民的代表，而并非政党的代表。因此，由只属于某一个政党的议员所进行的审议就不能称其为单独审议了。

无论是议员还是国民，都应该认识到这一点。

传统精神

不同的国家有着不同的历史，其中，包含着被不断培育出来的特有的传统精神。因此，当引进外来新事物的时候，应该以这些传统精神为基础，以完全符合自身国情的形式将其消化吸收，并创造出具有自身特点的更新、更好的事物。如果忘记这些，无论引进多好的东西，最终都会成为所谓的"无根之草"。

今天，日本的民主主义出现了不少问题。我觉得原因之一，就是在立足日本传统精神之上引进的民主主义存在某些方面的偏差。

先行一步

对于政治而言，相较事发之时被逼无奈地出手应对，更应该在事发之前预知事物发展，先行一步。

当今的日本政治，在此方面落后较多。这也说明政治家也好，国民也好，对于政治严酷性的认识还远远不够。

少数的暴力

如果少数的意见被忽视，总会被称为遭到了"多数的暴力"。不过与之相反，近来社会上经常可以看到少数者以暴力性言论打压多数的意见，操纵社会整体走向的情况。

这种情况的危害甚于多数的暴力。不过，出现这一情况，还是缘于多数人没有高深的见地，对事物漠不关心。归根到底，"少数的暴力"的出现，还是社会全员的责任。

站在整个国家的立场上

每个人都可以站在自身的立场之上评论政治，而更为重要的，是站在整个国家的立场上，从整个国家的角度去思考政治。

比如说，国民应该对政治家表达更深的敬意。同时，为回报国民的敬意，政治家也应该真心诚意地为国为民奉献热情，专心从政。只有这样，政治才能搞得更好，国民福祉才能得到更大提升。

怎样的社会

经营企业也好，经营国家也好，重要的在于预见未来五到十年社会的发展趋势，思考应对之策。而与此同时，作为企业家和政治家更为重要的，是必须拥有未来五到十年间一定要打造某种环境、实现某种目的的事业观和社会观。

也就是说，他们不能仅仅预见社会将如何变化，更应思考怎样做才能适应社会的变化。这既可以说是一种哲学，更可以说是一种与时俱进。

开展政治研究

企业每年都要投入几亿甚至几十亿日元的巨额资金，用于技术研发。然而当今日本的政界，是否开展了真正意义上的政治研究和政策研究呢？即便开展了，力量也是极其微弱的。

政党和政治家应该将更大的精力投入到日常的政治研究和政策研究中去，树立服务于国家和全体国民繁荣发展的正确政策导向，并为此培养高深的政治理念。

如果没有菜刀

"给我做顿饭，但不能使用包括菜刀在内的所有工具。"这么一说，再有名的厨师也束手无策了。

同样，一家公司、一个团体，甚至一个国家，其被委以领导重任的人，如果不被赋予相应的权限和权力，再出色的人也无法施展才干。

今天，一部分人把权力看作违背民主主义之物。我认为，如果按照他们的理论，不承认一切的权力和权限，那即便在民主主义的环境下，团体事业的经营、国家政治的运作，也都将无从谈起。

把菜刀交给厨师，如果他想滥用菜刀伤人，只要收回菜刀即可。这不也是民主主义能够做到的吗？

有价值之物

自然界除了取之不尽用之不竭的东西之外，原则上，东西价值的大小取决于它的稀缺性。

人也同样如此。对于一家公司、一个国家不可或缺之人，必须承认其价值所在，并给予其相应的待遇。而获得优待的人工作上也应该更加努力。

就拿首相来说，我认为向其支付一亿日元的月薪也是可以的。因为只要他把政治搞好了，给国家、国民带来的实惠将远远超过一亿日元。由此可见，首相这个职务是多么重要。

43　思考日本

为世界做贡献

佛教产生于印度。不过其后，它在印度日渐衰微，反而在日本作为一种精神文化得到发扬光大。诞生于西方的科学技术，日本也进行了消化吸收，在此基础上产生新的发明创造，并因此最终步入发达国家的行列。

所以，我觉得日本拥有一种出色的特性：只要获得一颗好种子，就能将其根植于自身的土壤之上，使其盛开绚烂的花朵，结出丰硕的果实。

不过，从今天起，光有这些已经不够了。从现在开始，作为迄今为止索取的一种回报，我们是不是应该把自身创造出的新思想、新技术源源不断地贡献于世界呢？

适当的速度

汽车以30公里／小时的时速行驶，尽管速度不快，但安全性有保障。一旦时速达到 100 公里／小时，速度是提上去了，但容易引发事故，风险性也增大了。战后日本经济就是这种情况。以 100 公里／小时的速度飞速发展，追上了以 30 公里／小时速度前行的发达国家，在某些方面还实现了反超。而另一方面，也出现了跑偏和不平衡的情况。

所以，眼下是不是应该适当减速，就算降不到 30 公里／小时，也应降到 60 公里／小时、50 公里／小时，同时不断纠正各种偏差，将经济转换成稳步发展的模式？否则，我觉得总有一天会发生大事故。

了解对方

自不待言，从现在开始，日本应该面向全球，加大出口力度。同时也要充分认识到，了解其他国家所求也是非常必要的。

只有身在日本，心系他国，以这样的心态了解对方方方面面的实情，才能满足对方的需求，进而更有利于日本自身的出口。

十年之后

今天是一个飞速发展的时代。某种程度上，现在的一年相当于德川时代的十年、二十年。而法律和制度出台十年后，一定会出现与现实情况不符，甚至妨碍人们相互交往的情况。

因此，每隔三到五年，就要对法律和制度进行研究，必要时进行适当的修改，以使其适应时代的需求。

不仅是法律和制度，有时我们也应以同样的观点对待我们周围的事物。

治而不忘乱

今天的日本，有一种被安定、闲暇所陶醉的倾向。这种倾向虽也无可厚非，但要知道，所谓的太平盛世几乎都是无法长时期存在的。德川时期曾出现三百年无战乱的时期，不过除此之外，世界上很多地方，都是战火不断。即便是今天，战争依然随处可见。

从这点考虑，今天我们所陶醉的太平盛世，不过是历史长河中转眼即逝的一个瞬间。而下一个瞬间，国家和社会或许又会陷入战乱不休、风雨飘摇的状态。

因此，我们应做好充分的心理准备，避免"治而忘乱"情形的发生。

服从于正当

近来经常听到一句话，叫作"不要服从不正当的领导和干涉"。我认为，这句话本身并没有错。不过我也觉得，现在社会上有种试图回避领导与干涉的倾向正在急速抬头，似乎任何领导和干涉都会被单方面认为是不正当的。

仔细想来，所谓不服从不正当的领导，换句话说，就是要服从正当的领导。因此，在排除不正当的同时，重要的是树立服从正当的态度和心理。然而当今日本的情形却是，即便这一点也正在被忽视。

出类拔萃的素质

据说日本钢铁的年产量已接近一亿吨。令人欣喜的是，从总产量来看，这一数字位居世界第三，而从人均产量来看，则超过了美国，成为全球第一。日本生产的钢铁质优价廉，而作为钢铁原料的铁矿石和强黏结煤则全部自海外进口。

日本在战争中生产设施被破坏殆尽，几乎从零出发，仅仅用了 20 多年时间，就取得了如此的成绩。这其中的原因之一，我认为是日本人和日本民族确实具有出类拔萃的素质。

只要做到这三点

在欧洲旅行有一点让我感触较深，就是尽管国家之间存在些许差异，但所有国家基本上都是行事缓慢，哪怕多年之后再访，依然看不出太大的变化。与日本的发展进步相比，我觉得这是最大的不同之处。我并非想由此得出孰优孰劣的结论，只是认为这也反映出日本这个国家确实一个优秀的国家，日本人确实具有出色的素质。

我由此更加强烈地感到，在此基础上，如果政治上进一步得到优化，国民的公德心进一步得到提升，进而国际交往技能进一步得到锻炼提高，日本一定可以成为世界上最为优秀的国家之一。

只要东西有价值

　　如果每个国家都过分强调使用国货，那么国际贸易势必停滞不前，每个国家的发展也都将受到影响。因此，我们不应拘泥于使用本国产品，而是应主动承认其他国家商品的价值，无论是外国货还是日本货，只买好货。

　　一句话，企业需要不断努力，生产出有价值的产品。

珍惜日语

　　仔细想来，我们每天不经意地使用的日语，实际上是世代祖先留给我们的宝贵财富，其中蕴含着千百年的历史和传统。因此，我们绝没有对其冷落怠慢的理由。我们应该珍惜日语，正确使用日语，不断提炼它的优美并传给我们的子孙。这是生活在今天的我们所应承担的一个重要责任。

发挥自然优势

　　说到旅游开发，让更多的人亲近自然、享受自然是其目

的之一。但眼下，旅游开发却往往伴随着破坏优美自然风光
这一令人痛心的结果。

前几天我造访了一处旅游胜地，发现当地为了保护湖水
景观不被破坏，禁止所有船只在湖面行驶。我认为这样的措
施非常有效。优美的自然风光是上苍赐予日本的，因此，我
们更应该倍加珍惜，在进行旅游开发时，更好地发挥自然优
势，创造出人与自然和谐相处的美景。

强健体魄

据说我们身边充斥着结核病菌和流感病毒。如果营养能
够得到充分保证，一个健壮的身体是不会轻易染病的。而一
旦营养状态恶化，抵抗力就会降低，疾病也将随之而来。

其实，这些被称为病菌的东西在社会上同样随处可见，
企业也好，国家也好，它们的侵袭无孔不入。因此，为了强
健企业的体魄、国家的体魄，我们每一天都必须付出努力。

警察的声音

警察的使命在于守护国民的生命和生活，维持社会秩序。

这样的使命非常崇高。然而今天的日本，似乎人们不仅对警察的行动总报以批评的眼光，而且更无意去主动帮助警察完成使命。

为何人们对警察的理解、认识如此冷漠？我认为原因之一，是警察自身努力不够，未能把自己所拥有的崇高使命向国民进行广泛宣传，以求得国民的理解。所以，今天的警察，应该把自己的使命，以及基于这种使命的主张，大声向国民诉说出来。

独立自主

如果别人答应当你遇到困难时一定出手相助，你一定会感到放心了许多。不过，放心归放心，却不能将此作为一种理想的状态。当一个人、一个团体、一个国家遇到困难时，最为理想的状态，是通过自身的力量加以克服。

以独立自主为原则的日本自卫或防卫政策，是否也应该从这样的观点出发，进行一番坦诚的再认识呢？

日新月异

流水不腐。而昔日的"校园纷争"，原因之一就是大学中的"水流"并不十分顺畅。也就是说，大学中的学术研究日渐进步，而大学在经营理念、规章制度、机构设置等方面，却未能创造出与时代发展相同步的成果。因此，学生中出现了各种不满情绪，最终导致纷争爆发。

不仅大学，从企业经营，到国家政治，使"流水"能够"日新月异"，是极其重要的。

人才培养的关键

企业的关键在人。对于企业来说，培养人才非常重要。然而，如果一家企业经营管理方面没有任何宗旨，是无法培养人才的。只有企业明确经营目的、企业使命，树立经营理念，才可能在此基础上培养出人才。

一个国家也是如此。为了培养优秀的日本国民，必须公开国家的旗帜，树立国家运营的基本理念。

狗的世界

如果一头狮子闯入了狗的世界，狗世界的秩序就将崩溃。人的世界也同样如此。为了避免狮子那样破坏社会秩序

的暴力出现，国民就要相互努力，创造并且夯实适合正当力
量存在的基础。

农业人口的占比

当前全球一百多个国家中，既有用仅占总人口 6% 的农
业人口就满足了全国的粮食生产需要，并把多出的粮食出口
海外的，也有总人口的 70% 都在经营农业，但仍然不能实现
粮食自给自足的。

每个国家在地势、风土方面都存在差异，不过普遍看来，
一个国家社会政治安定，经济文化发达，其农业人口的占比
就会不断下降。以此为标尺，努力用较少的农业人口最大限
度地满足粮食需求，也是日本走向繁荣的一种方针对策吧。

以奉献的精神

日本今后在发展本国经济，并为他国发展提供帮助时，
重要的一点，是要始终具备谦虚、奉献的精神。

作为个人也同样如此。"我有这么大的本事和力气，所

以你跟着我没错，我肯定罩得住你。"听到这样的话，我想任何人都会产生反感。

不过，如果换一种态度，以一种"我之所以有如此的体魄和本领，是上天赐予的恩惠。因此，我常怀感恩之心，希望把自己这份得之于上天的力量更多地奉献社会"的主张对待他人，我想任何人都会欣然接受你的好意。

如果每个日本人都拥有这样的觉悟，那么无论日本取得多大的发展，也不会受到他国的非议。

千载难逢的好时代

迄今为止的人类历史，存在几个困难的时期。不过我认为，从某种意义上说，没有比今天更为困难、更为复杂的时期了。

今天，无论大国还是小国，发达国家还是新兴国家，几乎都为各种形式的政情所困扰。而且，如果是过去，这些困扰仅仅局限于某一地区、某一国家的狭小范围内，但现在，任何事件转瞬间就能传遍全球的每个角落，在相互影响间增加了不稳定因素，导致全面动荡。因此，当前确实处于前所未有的非常时期、动荡时期。

生于当下的我们，处于不折不扣的"伸手不见五指"的状态之中。如果世道太平，我们还可以安心从事各自的工作，耕耘自家的田地。但社会形态如此多样，变化如此无常，不但自己辛辛苦苦付出的努力得不到充分的回报，甚至有可能在转瞬之间就会化为乌有。想到这些，确实会让人产生一种无依无靠之感。身处这种状态之下，感到不安，产生动摇，都非常自然。

不过，我们不妨换一种思维方式：上天让我们生于这样的时代，难道于我们不是一件幸事吗？困难也好，不安定也罢，都是不可回避的事实。正因为如此，与其抗争，完成自身的使命，尽管会阻力重重，但难道不也是乐趣无穷、价值无限之事吗？

由此可见，我们今天正被一个千载难逢的好时代所眷顾，一个正因为困难重重，才能体现出我们自身价值所在的好时代。

让我们以这种坚定的信念，去应对各种艰难险阻吧。

松下幸之助

松下
三书

02